ORESTE MARIA PETRILLO

OLD SCHOOL TRAINING PER PRINCIPIANTI

Come Diventare Più Grossi e Forti Nella Metà del Tempo Delle Nuove Metodologie di Body Building

Titolo

"OLD SCHOOL TRAINING PER PRINCIPIANTI"

Autore

Oreste Maria Petrillo

Editore

Bruno Editore

Sito internet

http://www.brunoeditore.it

Tutti i diritti sono riservati a norma di legge. Nessuna parte di questo libro può essere riprodotta con alcun mezzo senza l'autorizzazione scritta dell'Autore e dell'Editore. È espressamente vietato trasmettere ad altri il presente libro, né in formato cartaceo né elettronico, né per denaro né a titolo gratuito. Le strategie riportate in questo libro sono frutto di anni di studi e specializzazioni, quindi non è garantito il raggiungimento dei medesimi risultati di crescita personale o professionale. Il lettore si assume piena responsabilità delle proprie scelte, consapevole dei rischi connessi a qualsiasi forma di esercizio. Il libro ha esclusivamente scopo formativo.

Sommario

Prefazione	pag. 5
Capitolo 1: Cosa hanno da insegnarti gli atleti della Old School	pag. 16
Capitolo 2: Come costruire la massa	pag. 68
Capitolo 3: La programmazione del giovane Ercole	pag. 118
Intervista a Giuseppe Trombetta	pag. 142
Conclusione	pag. 171
Glossario	pag. 175

Prefazione

Perché scrivere un altro libro sull'allenamento? Perché oggi si è persa la vera essenza dell'allenamento, troppo presi da *pubmed* e poco dallo spingere sui veri costruttori di massa. Gli atleti della *Old School* non avevano internet, ma crescevano ugualmente. Conosco Oreste molto bene per aver scritto insieme a lui *The Secret Book Of Old School Training*, bestseller unico nel suo genere. Oreste e l'Old School sono una garanzia di riuscita.

Ultimamente tra fitness model photoshoppati e dopati, finti natural, guru che, pur di vendere metodi, illustrano modelli palesemente doped spacciandoli per natural, si sono creati, soprattutto fra i giovanissimi, degli standard molto alti, che però sono irraggiungibili per il 100% dei natural (veri). Il ragazzino oggi vuole diventare come Zyzz o come Seid o addirittura come Angelov. Personalmente sono convinto che da natural, se ci si impegna, si fanno le cose a modo e si è predisposti (la predisposizione intesa come linee, leve, inserzioni è fondamentale) si possa fare molto.

Tuttavia esistono dei limiti. In particolare:
1) Da *natural* scordatevi deltoidi a boccia;
2) Da *natural* scordatevi bicipiti a palla;
3) Da *natural* scordatevi gambe enormi e/o qualitative;
4) Da *natural* scordatevi di essere enormi e tirati;
5) Da *natural* scordatevi cambiamenti troppo veloci.

È chiaro che questi punti valgono per il 90% dei *natural*, poi ci sono le eccezioni ovviamente. È giusto che, in mezzo a tante false promesse e illusioni, ci sia qualcuno che dica finalmente le cose come stanno e riporti con i piedi per terra gli aspiranti body builder, evitando che la gente spenda soldi con integratori finti-miracolosi o si affidi a metodi "magici". L'*Old School Training*, OST, è la chiave di volta: un ritorno alle origini ormai dimenticate! Perché eseguire solo esercizi multiarticolari nel periodo di massa?

1) Perché il corpo lavora e cresce all'unisono (nei natural);
2) Perché sono gli esercizi che, consentendo carichi maggiori,

creano maggior stress sistemico e hanno un impatto metabolico maggiore;

3) Perché lavorano su larga scala e non su un muscolo singolo;

4) Perché consentendo carichi maggiori sono gli unici in grado di incidere sulla matrice proteica del muscolo mentre quelli di isolamento consumano solamente glicogeno;

5) Perché gli esercizi multiarticolari consentendo carichi maggiori sono gli unici in grado di reclutare le fibre bianche (assieme alle altre) cioè quelle maggiormente ipertrofizzabili;

6) Perché gli esercizi di isolamento rallentano il recupero e noi sappiamo che la sintesi di nuovo muscolo è un processo che richiede energia;

7) Perché gli esercizi di isolamento producono un maggior stress articolare, rallentando il recupero del tessuto connettivo.

Perché i principianti (e non solo loro) non riescono a migliorare? Il problema è che il praticante medio si basa su sensazioni che spesso traggono in inganno; esempio se non sente il muscolo bruciare o pomparsi crede di non aver lavorato bene. Io sono convinto che chi ottiene poco facendo solo esercizi base sbagli qualcosa. In particolare:

1) Li fa troppo *poco* frequentemente (se ci si allena con soli base, la frequenza migliore è la tripla o al limite la doppia);
2) Fa troppe *poche* serie (il volume inteso come quantità di reps totali è fondamentale per la crescita assieme al carico e se non si fa una certa mole di lavoro la massa non viene);
3) Fa ripetizioni troppo *alte* o troppo *basse* (nel primo caso si vanno a usare pesi troppo leggeri per reclutare e sfiancare le fibre bianche cioè quelle ipertrofizzabili, mentre nel secondo non si riesce a esaurirle a dovere);
4) Usa *buffer* elevati o fallisce le alzate (sono entrambi eccessi che portano il soggetto a *sottoallenarsi* giacché con i buffer troppo elevati non si forzerà mai il corpo ad adattarsi a meno di non fare volumi abnormi, mentre col fallimento il snc si stancherà prima dei muscoli con la conseguenza che il volume sarà insufficiente a stimolare massa e forza);
5) Ha poca *pazienza* (i risultati di un allenamento con soli base si vedono nel *tempo* e non subito, ma in compenso sono assai più *duraturi*);
6) Si fida delle *sensazioni* (come detto su se il soggetto non sente *pump* o acidosi crede di non aver lavorato bene...in realtà allenandosi coi base il *pump* sarà scarso o nullo durante il

workout e nei primi giorni, ma nel tempo sentirete i muscoli molto più pieni a riposo);

7) Mancanza di *progressione* (è chiaro che se il sovraccarico sul muscolo resta uguale, questo non avrà alcuna ragione per crescere);

8) Dieta *scarsa* (se si copre a malapena il proprio fabbisogno è difficile crescere).

E questo è solo la piccola parte di notizie che imparerete col corso che avete sotto gli *occhi*. Che aggiungere, leggete subito questo *prezioso* libro che avete tra le mani! *Francesco Schipani*, co-autore di *The Secret Book Of Old School Training*.

Introduzione

Benvenuto al *primo* corso italiano sull'*Old School Training* (***OST***) per *principianti*! Non lasciarti fuorviare dal titolo: *Old School Per Principianti*. Tutti noi siamo stati *principianti* in qualcosa nella vita, anzi, ti dirò di più, essere principiante è il miglior modo per raggiungere il *successo* perché la tua mente sarà *sgombra* da tanti preconcetti inutili. Partirai da zero e poggerai il tuo successo fisico su solide *fondamenta,* su fondamenta d'acciaio e non di paglia! Chi sono gli atleti della *Old School*? Persone come *Steve Reeves*, ad esempio:

O come *Reg Park*:

O, andando ancora più indietro nel tempo, nell'800, come *Eugene Sandow:*

O *Bobby Pandour*:

Non ti piacerebbe scoprire i loro *segreti* e allenarti proprio come *loro*?

All'epoca di *Sandow* non esisteva il *doping* e quel fisico era raggiunto solo con *giusti* allenamenti e tanta *tenacia*.

Io non sono un *Mr Universo*, non provengo da un'altra epoca, non ho allenato *Steve Reeves* e non sono *Reg Park*. Tu devi ascoltarmi perché io sono, essenzialmente, *TE*, solo con qualche anno di esperienza e di allenamenti (miei e dei miei clienti) in *più*. In tutto questo tempo ho commesso *errori*, provato sistemi di allenamento *diversi* tra loro, sofferto e deluso da allenamenti che non hanno funzionato. Tu, adesso, hai l'opportunità di poggiarti sulle mie spalle e spiccare il volo, migliorare superando i miei errori e imparare dalla mia esperienza.

Non occorre un genio per migliorare il proprio corpo. Né sono richiesti talenti speciali. Certo, se vorrai gareggiare, dovrai avere una genetica superiore, ma per migliorare il tuo corpo no. Non hai bisogno di essere fortunato. E certamente non hai bisogno di essere privilegiato. Tuttavia devi dedicarti alla cura del tuo corpo con una priorità pari, se non addirittura superiore, ad altre cose importanti della tua vita.

Nelle pagine seguenti andrai a scoprire i segreti dell'Old School Training per principianti. Mi concentrerò sui principianti dell'Old School Training. Ti prometto che ti farò diventare un pesista Old School! Ma ora ho una domanda per te: quando hai intenzione di incominciare? Tra un anno? Tra un semestre? Dopo le feste? Tra un mese? Tra una settimana? Quando avrai terminato la lettura di questo libro?

La risposta giusta non è qui sopra. La risposta giusta è: adesso, ora, subito! Pensa ai tuoi colleghi pesisti. Tu e loro avete gli stessi desideri di diventare più grossi e più forti, solo che le loro speranze di riuscire sono piccolissime. Questo non è vero nel tuo caso. Già decidendo di acquistare questo corso, hai effettuato il primo passo verso il successo, ti sei assunto l'impegno di cambiare.

Ma impegnarsi a cambiare e cambiare sono due cose completamente differenti. Se non agisci subito, tra un anno da adesso ti troverai a pensare al tempo sprecato, a meditare piuttosto che ad agire, e ti mangerai le mani per quanto sarai stato stupido a non seguire le tecniche dell'Old School. Purtroppo il tempo non torna più indietro, ma tu sei ancora in tempo per iniziare ad allenarti in stile OST. Io stesso avrei voluto avere per le mani un testo come questo quando ero agli inizi dei miei allenamenti. Se ti dicessi che già tra una o due ore potrei presentarti un programma che lentamente, ma instancabilmente e sicuramente, potrebbe cambiare il tuo corpo in *meglio*?

E se ti dicessi che si tratta di un sistema di provata efficacia usato dai pesisti più forti e in forma del passato, quelli dell'epoca pre-steroidi? E se ti dicessi, ancora, che questo programma risponde al nome di OST, Old School training? E se ti dicessi, infine, che è semplice, veloce ed efficace applicarlo, potrei avere la tua attenzione? Sei disposto a trascorrere un paio d'ore tranquille e piacevoli con me? Ti piacerebbe fare del tuo corpo una meravigliosa opera d'arte? E allora mettiamoci subito all'opera. Volta pagina e iniziamo a scoprire i diversi "segreti" della Old School!

"Tra venti anni da adesso tu sarai più dispiaciuto delle cose che NON avrai fatto che di quelle che avrai fatto. Supera la pigrizia. Salpa l'ancora. Naviga lontano dai porti sicuri. Esplora. Scopri."
– Mark Twain

Capitolo 1:
Cosa hanno da insegnarti gli atleti della Old School

«Le chiavi per massimizzare la crescita muscolare, a mio parere, sono 3: 1) Selezionare gli esercizi che reclutano più fibre muscolari - distensioni su panca, military press, rematori pesanti, squat, ecc 2) mantenere le ripetizioni relativamente basse - tra le sei e le otto 3) fare numerosi set su questi esercizi». - Bill Pearl

Qual è la nuova frontiera dell'allenamento fisico? Ogni anno nascono nuove mode, oggi il crossfit, ieri il free climbing o il fitness pump e domani chissà. Prova a pensare controcorrente solo per un po', ti va? Del resto le personalità più grandi in ogni settore lo hanno sempre fatto, quindi perché non potresti farlo anche *tu*? Perché ricercare sempre la nuova moda quando quello di cui hai veramente bisogno per far del tuo corpo una meravigliosa opera d'arte proviene dal passato? Tieni presente quando, cento e più anni fa, il culturismo fisico era solo per poche persone, folli e visionarie? Quando la maggior parte delle persone era troppo occupata a portar avanti la carretta per portare il pane a casa, spesso una casa con numerosi abitanti che aspettavano il capofamiglia come unica fonte di sostentamento, chi poteva permettersi di pensare all'allenamento fisico?

E infatti, la maggior parte degli strong man del passato erano circensi: lo facevano per vivere. Comunque, all'epoca non esisteva una scienza del culturismo. Ci si allenava secondo i propri istinti e si mangiava in ugual modo. Si andava avanti per prove ed errori. Si procedeva per tentativi, e quando si trovava la tecnica per migliorare la si epurava dalle inutilità e la si limava per l'eccellenza. Perché l'eccellenza faceva lavorare e il lavoro faceva mangiare. Non ci si poteva permettere di sbagliare.

Poi, quando il culturismo fu un po' più alla portata delle masse, quei principi vennero fatti conoscere ai più e adattati anche ai meno dotati geneticamente. Quindi, tutto ciò che era servente a ottenere una forza fuori dal comune e un fisico straordinario è già stato inventato verso la fine del secolo scorso.

Perché, allora, cercare sempre nuove mode piuttosto che tornare a guardare al passato? Perché non allenarsi secondo i dettami della vecchia scuola per raggiungere l'eccellenza? Perché lasciarsi ingannare dal canto delle sirene del doping? Perché non allenarsi come facevano i migliori culturisti del passato per raggiungere il successo fisico? Forse perché l'allenamento in stile Old School è più duro e non ti lascia il tempo di socializzare!

Se ti dicessi che esiste un metodo collaudato e usato da migliaia di pesisti dell'era pre-steroidi che li ha portati al successo, non vorresti usarlo anche tu? Alcune obiezioni che mi sono state fatte sono che gli atleti Old School erano geneticamente dotati e che alle cronache venivano portate solo le notizie di chi ce l'aveva fatta a ottenere un fisico degno di nota.

Ascoltami, se ad avere successo fosse stato uno solamente degli atleti della Old School, poteva parlarsi di genetica. Se a raggiungere un fisico imponente fossero stati solo una manciata di valorosi atleti emersi sull'esercito di falliti, poteva parlarsi solo di un caso. Se, però, ad avere successo fossero stati, come è avvenuto, non uno o due, ma tutti gli atleti della Old School, la genetica e il caso lasciano il posto alle strategie di successo che ti presenterò di qui a breve.

SEGRETO n. 1: l'allenamento dei pesisti degli albori ha funzionato nel 1850, funziona nel 2010 e funzionerà anche nel 2100!

Vedi, caro amico, nel momento esatto in cui ti scrivo, l'uso di sostanze anabolizzanti è diventato normale come assumere integratori: una ricerca condotta nel West Virginia riporta che la principale motivazione dell'uso di steroidi anabolizzanti è di migliorare l'aspetto fisico, quindi sembrare più grandi o migliori. Tale motivazione raggiunge quasi la metà degli utilizzatori di steroidi, il 43%. Il valore equivale a circa il doppio rispetto a quella che può essere la motivazione di uno sportivo professionista, e cioè di migliorare il proprio rendimento sportivo, che rappresenta un "più piccolo" valore di 22%.

A ciò aggiungi che il 36,8% degli utilizzatori di steroidi non praticano alcuna attività sportiva e capisci come la vera piaga di questo secolo è proprio la conoscenza del culturismo solo attraverso l'uso di sostanze dopanti. Purtroppo la triste verità è che oggi non esiste body building professionistico senza doping. È un dato nudo e crudo, vero ed esatto, inutile che storci il naso e mi mandi a quel paese. La verità è scomoda e fa male a me più di quanto lo faccia a te. Quindi, se usi le tecniche dell'era in cui si sono iniziati ad usare gli steroidi anabolizzanti in modo massiccio, e non li usi anche tu a tua volta, non otterrai grandi risultati, garantito.

Cosa serve a te per crescere, allora? Ne parleremo presto. Per ora sappi che tu hai bisogno di allenamenti formati da esercizi di base, multiarticolari che ti permettono di sollevare il massimo peso possibile con la migliore tecnica possibile. Un esempio? Squats, front squats (squat frontale), deadlifts (stacchi da terra), standing presses (Lento avanti in piedi), bench presses (distensioni su panca piana), bent over rowing (rematore), pulldowns (lat machine), pull-ups (trazioni alla sbarra), shrugs, etc.

Devi allenarti in modo pesante, ma essendo un neofita, non puoi tenere le ripetizioni troppo basse perché hai bisogno di capire la tecnica corretta e di abituare tendini, legamenti e sistema nervoso centrale (*SNC*) a sopportare carichi *pesanti*. Ti anticipo che dovrai eseguire 8 o 10 ripetizioni (per collo, polpacci, addominali, lombari e avambracci anche 12-20), questo target è il top per la maggior parte delle persone.

Usa allenamenti abbreviati: ti permetteranno di ottenere progressi inimmaginabili. La progressione è ciò che costruisce muscoli e forza. Devi usare tecniche e metodi che ti permettono di mettere peso sulla barra. Ricorda che per diventare più grosso devi diventare più forte. Essendo un neofita pensa a raddoppiare, se non a triplicare, la tua forza negli esercizi base con una tecnica di esecuzione corretta. Questa è l'unica cosa di cui tu ti debba occupare nell'immediato. E questo è solo l'inizio.

SEGRETO n. 2: concentrati sugli esercizi base e sul sovraccarico progressivo con tecnica corretta e ripetizioni tra le 8 e le 20.

«Il modo più semplice per costruire i gruppi muscolari piccoli consiste nel cimentarsi negli esercizi più grandi! Per esempio, è impossibile costruire una schiena ampia e possente e pettorali spessi, nonché spalle titaniche, tramite distensioni sopra la testa, rematori pesanti e distensioni su panca, senza che le braccia diventino a loro volta più grandi e forti. Dimenticate quel ridicolo pompaggio e gli esercizi di rifinitura e concentratevi su esercizi pesanti. Le grandi braccia verranno naturalmente. John Grimek una volta aveva braccia così grandi e potenti che non

sembravano vere! Grimek al momento è stato per lungo tempo un sollevatore di pesi olimpico, e si era allenato per un lungo periodo senza fare un solo curl o estensione per tricipiti. Le sue grandi braccia le ha ottenute grazie al lavoro pesante. Anche voi potete fare lo stesso. Il trapezio e i muscoli del collo sono impressionanti e troppo spesso trascurati da molti praticanti. Ma gli stessi cresceranno tremendamente se si eseguono tirate pesanti o se si distendono grossi pesi sopra la testa. Gli avambracci risponderanno come foche ammaestrate ai rematori pesanti, alle tirate e alle distensioni». Bradley J. Steiner

Ora voglio presentarti alcuni tra i più *forti* pesisti degli albori della pesistica e alcuni tra i più belli e in forma del culturismo degli albori. Pronto per questo viaggio affascinante? Continuiamo subito, allora! Ti ricordo che, nel mondo del culturismo, si parla di sollevamento pesi: sollevamento *PESI*, non sollevamento piume. Per diventare più grosso, nel tempo, devi, quindi, sollevare più carico di quando hai iniziato ad allenarti.

Herman Goerner compì uno stacco da terra con una mano con *330 kg* circa.

Quanti altri culturisti odierni possono riuscirci (anche con *due* di mani)?

Louis Cyr prendeva un barile di 182 kg circa e se lo caricava sulle spalle con una mano. Conosci qualche altro body builder moderno che può vantarsi di riuscire a sollevare così tanto con una sola mano? Io no. Forse io mi alleno nei posti sbagliati?

Thomas Inch aveva un manubrio con impugnatura spessa più di 5 cm del peso di 78 kg. Lo portava sulla sua testa con una sola mano e ci riusciva anche a 60 anni!

Arthur Saxon poteva effettuare un esercizio particolare definito Bent Press con circa 168 kg! E Saxon, il più forte tra i fratelli Saxon, tutti pesisti, pesava meno di 95 kg!

Bob Hoffman disse su Saxon: «Per molti degli atleti dalle gesta incredibili, la forza e la potenza di Saxon erano un mistero. Come può un uomo, poco più pesante di 94 kg, sollevare pesi apparentemente al di là delle capacità del corpo umano? Ha avuto conoscenza di qualche segreto, qualcosa che non era noto ai suoi simili? Difficilmente. Ciò che ha reso Saxon così forte era il suo metodo di allenamento per rafforzare i tendini. Sapeva che le sue performance pubbliche richiedevano un sacco di energia e la sua teoria era che serie pesanti facevano lavorare appieno i suoi muscoli e i tendini. Il suo fisico robusto e muscoloso riflette la sua forza formidabile!»

Arthur Saxon

George Hackenschmidt, il leone russo, poteva effettuare l'esercizio dello snatch con circa 90 kg con una sola mano!

Milo Steinborn riusciva a portare sulle sue spalle un bilanciere di

250 kg da solo per, poi, eseguire 5 ripetizioni di *squat* con quel carico!

Gli atleti della Old School erano per lo più strongmen e lottatori circensi. Joseph Goldstein, chiamato anche «L'ultimo grande strong man da circo», nacque prematuro di tre mesi il 15 luglio 1893 a Suvalk in Polonia nella famiglia più povera della città. Peso alla nascita inferiore a 1,8 kg. È stato fortunato a sopravvivere alle tribolazioni e alla povertà della sua infanzia, e certamente fu temperata la sua determinazione e forza d'animo.

Per la maggior parte della sua infanzia la sua costituzione era fragile. Joe era un giovane uomo di piccola statura, ma possedeva una determinazione colossale, un cuore e uno scopo unici. All'età di quattordici anni vide per la prima volta un circo e si sentì subito attratto dalle prove di forza raffigurate sul manifesto pubblicitario. Senza soldi per vedere lo spettacolo, Joseph tentò di intrufolarsi nel circo ma venne catturato, picchiato, pestato e lasciato a terra preso per morto. Quando il pestaggio terminò, Joseph cercò di strisciare verso casa e incontrò il campione Volanko.

Volanko fu dispiaciuto per Joseph e si prese subito cura del giovane. Dopo una lunga conversazione, Volanko si offrì di mostrare al debole Joseph come mangiare correttamente, come allenarsi e sfruttare la sua determinazione nel superare i suoi evidenti limiti fisici. Joseph accettò l'offerta ed entrò subito a far parte del tour di Volanko. Meno di due anni dopo, Joseph divenne un uomo scolpito nella pietra. Il suo corpo divenne duro come la sua determinazione. Greenstein iniziò la sua carriera come wrestler. Poco dopo il matrimonio e, dopo aver incontrato un crescente anti semitismo, emigrò negli Stati Uniti d'America.

Soprannominato *The Mighty Atom* era in grado di spezzare le catene con le mani ed espandendo il petto. Era noto per piegare sbarre di ferro di cavallo con le mani e con i denti. Egli piegava tondini di acciaio di un centimetro e piantava chiodi nel legno con le mani nude. Era in grado di cambiare un pneumatico di auto senza svita bulloni e crick.

Combatté spesso a favore dei disagiati e dei tartassati. Nel 1938, a New York, *The Mighty Atom* strappò un cartello che diceva: «*Non sono ammessi ebrei e cani!*» dalla parte anteriore di un edificio. Nella lotta che ne seguì, *The Mighty Atom* venne ferito e ricoverato in ospedale, ma i suoi avversari non se la passarono meglio: erano 20 uomini. Venne arrestato per l'incidente, ma fu rilasciato quando la corte rifiutò di credere che avesse lottato da solo.

Durante la Seconda Guerra Mondiale, *The Mighty Atom* dimostrò la sua forza tirando un camion carico di passeggeri. Nella sua ultima performance pubblica, il giorno 11 Maggio 1977, *The Mighty Atom* salì sul palco al *Madison Square Garden* e, tra le urla mozzafiato del pubblico, piegò ferri di cavallo con le mani. Morì l'8 ottobre 1977 a *Yosselle Greenste*, a causa di un cancro, all'età di 84 anni. Rimane il piccolo uomo più potente ad aver mai solcato questa terra.

John Holtum - L'UOMO CANNONE

A un certo punto nella storia di ogni circo, c'era uno spettacolo di forte impatto emozionale per stupire tutti gli spettatori. L' immagine di un uomo baffuto, forte e sorridente, rivestito in pelle di leopardo mentre solleva un bilanciere in alto è ancora sinonimo dei circhi di una volta. John Holtum divenne colui il quale osava reputarsi un bersaglio umano. Holtum si posizionava di fronte ad un cannone in modo tale da poter essere colpito da palle di cannone sparate direttamente da distanza ravvicinata.

Nato il 29 ottobre 1845 nella città danese di *Haderslev*, John

Holtum conduceva una vita relativamente tranquilla fino a quando si arruolò come marinaio a 15 anni. Il suo lavoro sul ponte e nei cantieri scolpì il suo fisico che passò da flaccido a muscoloso (all'epoca non esistevano macchine che sostituivano il lavoro dell'uomo). Col trascorrere del tempo, Holtum trovò la sua strada in California e dopo una serie di lavori manuali e pesanti, soprattutto temporanei, trovò lavoro a San Francisco come uno *strong man* professionista. Lì imparò a praticare le gesta di base dello *strong man*. Nella sua impresa di non farsi colpire dalle palle di cannone sparate a distanza ravvicinata si infortunò spesso, arrivando addirittura a perdere un paio di dita. Dopo due anni di allenamento continuo e contro ogni pronostico, comunque, Holtum perfezionò l'impresa. La sua performance richiedeva forza immensa, nervi d'acciaio e riflessi velocissimi.

Un assistente avrebbe caricato la palla in un cannone sollevato su un lato del palco e, dopo un'esplosione assordante, la palla sarebbe volata direttamente verso Holtum. Indossando solo un paio di guanti robusti e un rilievo sul petto per la protezione minimale, Holtum avrebbe tentato di prendere la palla di cannone con le mani. Appena Holtum catturava la palla di cannone, la gettava rapidamente a terra. Aveva imparato presto che la palla era in grado di bruciare la sua pelle se non se ne fosse liberato immediatamente.

C'erano inganni? Forse. Forse la carica di polvere da sparo era minore di quella che sarebbe stata utilizzata in battaglia. Forse la palla era più leggera di quanto sostenuto o forse era completamente vuota. Tali affermazioni furono spesso fatte dal pubblico, tuttavia Holtum aveva sempre offerto 3.000 franchi a chiunque fosse riuscito a realizzare una prodezza simile e nessuno, mai, raccolse la sfida. La sfida avrebbe significato la morte, e solo Holtum l'osò affrontare. Holtum divenne un *sex-symbol* anche grazie al suo fisico. A Parigi, un gruppo di *fan* di sesso femminile, firmò una petizione per vietare la sua performance. Esse temevano che il loro Adone sarebbe potuto morire precocemente o restare mutilato a vita.

Alla fine, Holtum decise di ritirarsi dallo strongman. Sposò una bella cavallerizza e si stabilì in Inghilterra, dove visse con notevole comfort fino alla morte avvenuta per cause naturali nel 1919.

Louis Cyr - L'uomo più forte del mondo.

Ti sto per presentare colui il quale è stato considerato l'uomo più forte mai esistito al mondo. Nato il 10 ottobre 1863 nella città di *Quebec St. Cyprien de Napierville,* Louis Cyr, così si faceva chiamare, già da bambino dimostrava di essere differente dagli altri suoi coetanei. Nato di circa 8,5 kg colpì i suoi genitori soprattutto per la sua incredibile forza naturale. All'età di dodici anni Louis già lavorava come boscaiolo e le storie della sua forza divennero leggendarie tra i suoi coetanei e colleghi. Nel 1878, all'età di diciassette anni, Louis e la sua famiglia emigrarono negli Stati Uniti. Nella sua primissima esibizione di forza, Luois Cyr stupì il pubblico sollevando un *cavallo* da terra. Louis Cyr, il *"Colosso Canadese"* era alto più di 1 metro e 80 e pesava più di *120* kg. Era il secondo di *17* figli. Già a nove anni iniziava a trasportare più di *45* kg sotto il braccio nella fattoria della sua famiglia.

A 12 anni Cyr lasciò la scuola per lavorare nei campi di legname nei mesi invernali e nella fattoria della sua famiglia per il resto dell'anno. Uno dei suoi primi ammiratori fu sua madre, che lo incoraggiò a farsi crescere i capelli lunghi, al fine di emulare il personaggio biblico di *Sansone*. Nella fattoria di suo padre, Louis iniziò ad allenarsi con gli animali da cortile usandoli come bilancieri e manubri di fortuna. Quando nacque un vitello di toro, ad esempio, iniziò subito ad allenarsi col sollevamento del torello per diverse ripetizioni, e continuò a farlo ogni giorno (come la famosa storia antica di *Milo*, te la ricordi?).

Quando aveva 14 anni trasportò 15 cespugli di grano (più di 400 kg) per una distanza di 15 metri. Un anno dopo, quando aveva 15 anni, Cyr, che pesava circa 105 kg, mise in salvo un cavallo, bloccato nel fango con tutto il sovraccarico che trasportava; un'altra volta trasportò un vitello di 100 kg sulle sue spalle per diverse centinaia di metri.

Dopo aver sposato una ragazza locale con il nome di *Melina Courtois* (a detta di tutti gli astanti dell'epoca, una stupenda ragazza), Cyr usò la sua forza per ottenere lavoro come boscaiolo. Poi, dopo un litigio con due balordi locali che lo ferirono con un coltello, e che furono sottomessi e portati di peso alla locale stazione di polizia, finì per essere assunto dalla stessa stazione di polizia. Cyr, in seguito, lasciò la forza di polizia per intraprendere le gesta di *strong man* come circense. Nel 1886 conseguì il titolo di "*Uomo più forte del Canada*" dopo essere stato sfidato da *Michaud* del *Quebec*, prima di lui uomo più forte del Canada.

Di fronte a una folla di oltre 4.000 persone, Cyr sconfisse

Michaud sollevando una pietra di granito del peso di *234 kg* fin sulle sue spalle. Poco dopo, Cyr viaggiò in Europa per competere in gare di *strong man*, sconfiggendo tutti coloro che osavano sfidarlo. Durante questi spettacoli, Cyr collezionò una serie di incredibili successi: sollevò barili di farina da più di 100 kg sulle sue spalle e in una sola occasione (Boston 1895) sollevò *2012 kg* di peso sulla sua schiena (impresa ancora oggi imbattuta, nonostante la nascita del doping). Delle sue gesta è nato un film francese di cui puoi vedere qui il trailer: http://www.youtube.com/watch?v=aiHjrwx29KY.

Durante gli anni della sua carriera, fu leggendaria la sua sfida e voglia di competere con *Sandow* (molto inferiore a lui come forza). In un'intervista disse che la sua forza era tutta di madre natura e non degli allenamenti (Sandow, invece, batteva molto sugli allenamenti che lo portarono ad avere un fisico da *culturista*).

All'età di 28 anni Cyr sollevò in alto 126 kg con la sola mano destra, battendo il record mondiale di 124 kg fissati da Eugen Sandow in persona. A un certo punto si era parlato di una gara tra

Cyr e Eugen Sandow, ma, purtroppo, questo avvenimento epico non avvenne mai perché non trovarono mai un accordo (Sandow voleva inserire prove di muscolazione e di ginnastica, era un uomo troppo astuto ed esperto di marketing per poter affrontare, perdendo, Luois Cyr...).

Durante una delle sue competizione per dimostrare di essere l'uomo più forte del mondo, Louis sollevò un bilanciere di 99 chili con una sola mano e trattenne con le gambe, sotto un piattaforma, il peso di 1075 kg. Ancora, durante il suo tour in giro per il mondo, Louis trattenne con la gambe, sotto una piattaforma, ben 18 uomini. Egli sollevò, inoltre, un peso di 250 chili con un dito (stacco da terra) e, per una splendida trovata pubblicitaria, spinse un carro merci in salita. La sua più grande impresa, tuttavia, si è verificata il 12 ottobre 1891 a Montreal. In quell'occasione trattenne con le braccia la furia di quattro cavalli che spingevano in direzioni opposte!

Nonostante la sua salute andava deteriorandosi, nel 1906, a 42 anni di età, accettò la sfida di un giovane uomo forzuto di nome *Hector Decarie*. Cyr, molto malato a causa di una *nefrite* acuta e cronica, vinse ai punti dopo aver sollevato *1302 kg* sulla schiena. Louis Cyr morì di nefrite cronica il 10 novembre 1912, a 48 anni, ma le sue gesta restano e resteranno per sempre *immortali*!

Oggi c'è un quartiere di Montreal in suo onore e un parco, il *Parc Louis- Cyr*, oltre ad una statua: *'The Strongest Man in History'*. Anche Ben Weider (fratello di Joe Weider ed ex presidente della IFBB) considerava Cyr come l'uomo più forte mai vissuto.

Pierre Gasnier – L'ercole Francese (1862 -1923)

Pierre Gasnier è nato in Francia ed è stato uno dei primi e più influenti *strong man* del famosissimo circo *"Barnum and Bailey Circus"*. Gasnier riusciva a strappare, con la sola forza delle mani, un mazzo di carte a metà, ma la sua più celebre impresa è stata la rottura di una catena sul petto in espansione toracica.

Il fatto sensazionale è che egli pesava solo 65 kg per un'altezza di 1,60 cm ed era in grado di sollevare un manubrio di 118 kg sopra la sua testa! Una incredibile prodezza che molti uomini pesanti il doppio di lui non riuscivano a compiere.

Arthur Saxon - The Iron-Master (1878 – 1921)

Artùr Saxon: «*Non importa quanto può essere grande un muscolo se il tendine del muscolo non ha forza. È come tagliare l'ancoraggio di una nave alla deriva. È di vitale importanza sapere che il sistema in base al quale ci si allena non solo costruisce il muscolo e la forza, ma rinforza le ossa e i legamenti e dà uno spazio maggiore di aderenza ai tendini sulle ossa*».
Arthur Saxon era un circense e *strong man* molto forte della fine del 19esimo secolo. Saxon ha reso famoso l'esercizio del *Bent Press* (che vedi in foto in alto).

Il Bent Press è un tipo di esercizio in cui il peso viene portato dal livello della spalla fino a sopra la testa con una sola mano e utilizzando i muscoli della schiena, delle gambe e del braccio. Stabilì il record mondiale di *168* kg! Egli si unì ai suoi tre fratelli, anche loro *strong man*, formando il "*Saxon Trio*".

Saxon fu uno dei primi ad invitare le persone del pubblico a sfidarlo nelle prove di forza. All'insaputa di Saxon, nel 1898, Eugene Sandow era tra il pubblico e accettò la sfida. Inizialmente, Sandow fu in grado di replicare il *Bent Press* di Saxon, ma, in seguito, quando i carichi aumentarono, non riuscì a sostenere il peso di Saxon con la sua tecnica.

Cosa fece il buon vecchio Sandow? Portò in Tribunale tutte e tre i fratelli e il giudice asserì che egli era riuscito ad effettuare il Bent Press esattamente nello stesso modo in cui lo aveva fatto Arthur Saxon e la disputa ebbe fine.

Angus MacAskill – Il gigante MacAskill (1825 – 1863)

MacAskill nacque sull'isola di Berneray, Scozia, ed emigrò, in seguito, in Canada. MacAskill era conosciuto come il più grande colosso del mondo. Era un vero gigante di 2,36 mt col peso di 230 kg!

Nel 1849 entrò nello show business (fu uno dei primi strongman della storia) e andò a lavorare per il circo di PT Barnum. In una delle sue più impressionanti imprese, MacAskill sollevò l'ancora di una nave del peso di 1.270 kg fino al petto. Riusciva anche a trasportare barili di peso superiore ai 136 kg. La regina Vittoria, dopo aver sentito delle sue formidabili gesta, lo invitò a comparire davanti a lei al Castello di Windsor per darle una dimostrazione della sua forza erculea.

Thomas Inch - (1881 – 1963)

Thomas Inch era un forte pesista del 19° secolo e detenne il titolo dell'uomo più forte della Gran Bretagna. Tuttavia Inch è conosciuto per aver creato un particolare manubrio molto spesso, dal peso di 78 kg. Thomas Inch era una delle poche persone che riuscivano a sollevarlo (offriva, in ogni spettacolo, 200 sterline dell'epoca a chi fosse stato in grado di riuscire a sollevarlo). All'età di 72 anni Thomas Inch era ancora capace di sollevarlo!

Alexander Zass – (1888 – 1962)

Alexander Zass nacque a *Vilna*, in Polonia, ma visse i suoi primi anni in Russia. Come molti altri uomini forti della sua epoca, Zass era uno *strong man* circense. Zass iniziò ad allenarsi da solo a casa sua con manubri e bilancieri fatti in casa, per poi proseguire gli allenamenti sotto la guida di alcuni dei più forti professionisti russi. Zass sviluppò una forza tremenda che gli permise di portare un cavallo sulle sue spalle, ma il suo più grande talento era quello di piegare barre di acciaio e spezzare catene. Nel 1914, mentre prestava servizio nell'esercito russo durante la prima guerra mondiale, Zass fu ferito e fatto prigioniero dalle forze austriache. Come prigioniero di guerra continuò a sviluppare la sua forza con l'utilizzo di esercizi isometrici. Riuscì a fuggire dal carcere e non ritornò mai più in patria.

Eugen Sandow - (1867 – 1925)

Eugen Sandow è definito come "*Il padre del Bodybuilding*", infatti dopo essere nato come *strong man*, si dedicò esclusivamente a spettacoli di muscolazione. Le misure di Eugene Sandow erano:

- Peso corporeo 90 kg
- Altezza 1 metro e 74 cm
- Vita 73,5 cm
- Petto 122 cm
- Collo 47 cm
- Braccia contratte 48 cm
- Avambraccia 43 cm
- Gambe 67 cm
- Polpacci 45 cm

Sandow nacque in *Prussia* (oggi parte della Germania) e dopo il primo periodo di *strong man*, creo lo show di muscolazione "*Monitor Muscle*". A Sandow si deve l'organizzazione del primo concorso di culturismo della storia, nel 1901, alla *Royal Albert Hall* di Londra, definito "*The Great Competition*".

Sandow era il giudice del concorso, insieme a Sir Charles Lawes, e Sir Arthur Conan Doyle.

Nel 1897 fondò l'Istituto di Cultura Fisica, una primordiale palestra per gli appassionati di bodybuilding. Nel 1898, fondò anche un primo periodico mensile sulla Cultura Fisica. Il suo allenamento di culturismo prevedeva un ampio uso di manubri, che rappresentavano il nucleo dei propri esercizi di massa muscolare. Egli, infatti, diceva «Niente, a mio parere, è migliore dell'uso del manubrio per lo sviluppo di tutto il sistema, soprattutto se viene usato in modo intelligente e con una conoscenza del luogo e delle funzioni dei muscoli».

Egli basava le sue routine sul bent press, stacco e squat con bilanciere sopra la testa. Egli consigliava di allenarsi all'aria aperta e di evitare il sovrallenamento. Egli credeva anche in una connessione mente-muscolo durante tutto l'allenamento. Consigliava, infatti, di: «sottoporre i muscoli allo sforzo tale da concentrare la mente e la forza di volontà alla manipolazione dei pesi».

Una volta, durante un'esibizione, si raccontava che combatté con un leone di 250 kg e sollevò, col clean e press ad un braccio, 142 kg e, sollevò da terra, nell'esercizio simile allo stacco da terra, ben 680kg! Quando Sandow morì nel 1925, la stampa riportò che era morto di infarto poco dopo aver spinto la sua auto fuori dal fango. Tuttavia la ragione reale della sua morte fu, più probabilmente, causata da complicazioni da sifilide. Fu sepolto in una tomba anonima nel cimitero di Putney Vale, su richiesta di sua moglie.

Siegmund Breitbart – (1883 – 1925)

Siegmund Breitbart nacque in Polonia da una famiglia ebrea ortodossa che lavoravano come fabbri. Fu determinato ad allenarsi e a diventare più forte a causa di continue sfide da altri uomini forti e antisemiti. Tra le sue gesta rientrano il piegamento di sbarre di ferro intorno al suo braccio e il sollevamento di un elefantino mentre saliva una scala. Purtroppo, durante il suo ultimo tour in Europa, mentre Siegmund cercava di inserire, a mani nude, un chiodo in una trave della ferrovia, il chiodo trafisse la sua gamba e di conseguenza contrasse un avvelenamento del sangue. Dopo 10 operazioni, compreso l'amputazione di entrambe le gambe, Breitbart morì otto settimane più tardi.

Prima dell'incidente, Breitbart programmò di fare uno show in Palestina e ricreare le famose gesta dell'eroe biblico Sansone attirando l'attenzione, a livello mondiale, di tutti gli ebrei affinché si unissero a lui nella creazione di una patria ebraica.

Thomas Topham – (1702 – 1749)

Thomas Topham è nato a Londra ed è stato uno dei più famosi strongmen del 18° secolo, il primo strongman di cui si abbia conoscenza (prima ancora che Eugene Sandow si allenasse per il culturismo!). Le formidabili gesta di Topham inclusero la flessione di mazze molto spesse colpendole con il suo avambraccio e il sollevamento, sopra la sua testa, di 102 kg con le dita. Il suo più famoso atto di forza avvenne il 28 maggio 1741 quando Topham sollevò 3 barili pieni d'acqua del peso di 628 kg (come nella foto su riportata).

Bert Assirati - (1908 – 1990)

Bert Assirati era un wrestler inglese professionista campione britannico dei pesi massimi. Stabilì un record mondiale nel 1983 sollevando in alto con una sola mano un bilanciere di 90 kg mentre giaceva sulla sua schiena. Era anche in grado di eseguire un chin up ad un braccio pesando 108 kg. Iniziò ad allenarsi verso i dodici anni col ferro da stiro di sua madre come peso. Suo padre, poi, lo portò in una palestra locale dove si formò nel wrestling e nella ginnastica.

Charles Atlas - (1892 - 1972)

Charles Atlas nacque in *Sicilia* ed è conosciuto come il fondatore del metodo di bodybuilding chiamato *"Tensione dinamica"*. Il metodo di Atlas è diventato molto popolare a causa degli annunci iconici apparsi nei fumetti. Gli annunci erano caratterizzati da un "*debole*" che veniva picchiato da alcuni *bulli*, ma, in seguito agli allenamenti di Atlas, divenne più forte e più grande finendo per ottenere la sua rivincita sui bulli.

Si dice che la storia fosse stata liberamente ispirata all'esperienza di Atlas, ma furono utilizzate diverse versioni nel corso degli anni. Il suo metodo era rappresentato da una combinazione di esercizi a corpo libero ed esercizi di tensione dinamica o contrazione isometrica.

John Grimek - (1910 –1988)

«Ho sempre allenato tutto il corpo nella stessa seduta, e non ho mai seguito tabelle frazionate o isolato i muscoli. Ai miei tempi, le tabelle frazionate non esistevano o non erano molto conosciute anche se avevo letto da qualche parte che Hackenschmidt stava usando un metodo in cui si sarebbero isolati alcuni gruppi muscolari in determinati giorni oppure enfatizzato il lavoro su una parte specifica durante l'allenamento di tutto il corpo in un dato giorno. Ma non ho mai fatto nulla di tutto ciò. Stavo facendo progressi in tutti i distretti, quindi non avevo bisogno di lavori mirati su una certa area. E non ho mai trovato l'allenamento di tutto il corpo in ogni allenamento troppo faticoso. Infatti spesso quando concludevo l'allenamento avevo più energia di quando iniziavo». Jhon Grimek

John Carroll Grimek è noto per essere uno dei più *grossi* pesisti e culturisti ad essere vissuto tra il 1930 e il 1940. Ha vinto diversi titoli tra cui il Mr. America (1940, 1941) e il Mr. Universo (1948). Grimek gareggiò anche nel sollevamento pesi alle *Olimpiadi* del 1936 a Berlino. Si ritirò imbattuto dal bodybuilding. Grimek consigliava fullbody tre volte a settimana e varietà negli esercizi (ad esempio con cambio dell'angolazione di lavoro). Oltre al bodybuilding, Grimek era anche in grado di effettuare piegamenti sulle braccia effettuando una verticale a testa in giù e spaccate complete.

Sig Klein - (1902-1987)

Siegmund Klein era originario della Prussia occidentale. Anche suo padre era un uomo molto forte. Sig Klein iniziò ad allenarsi all'età di 17 anni. Era già in grado di effettuare il *bent press* con 90 kg dopo pochi anni che iniziò ad allenarsi. Nel 1927, Klein assunse la gestione della palestra del Prof. Attila, allenatore di molte celebrità, *strong man* e culturisti, dell'epoca.

Jasper Benincasa - (1921 - 2012)

Jasper Benincasa era un'altra leggenda nel mondo del *bodybuilding*. Era conosciuto come il maestro delle trazioni alla sbarra e degli esercizi a corpo libero (uno dei capostipiti del moderno *calisthenics*).

Era famoso per aver fatto sollevamenti con un braccio con un uomo tenuto tra le gambe. Una volta si esibì in una tenuta isometrica appeso alla barra in posizione orizzontale, mentre due persone si aggrappavano al suo corpo (come in foto su).

Frank Zane – (nato nel 1942)

Frank Zane (Kingston, 28 giugno 1942) è un culturista statunitense, non più in attività. Insegnante di chimica e matematica, Frank Zane è stato per tre anni consecutivi, dal 1977 al 1979 vincitore del concorso *Mr. Olympia*. Ha rappresentato una via di ritorno alle forme armoniche della *Old School* dopo anni di fisici estremi. Infatti Frank Zane aveva il giro vita più *sottile* di tutti i *Mr. Olympia* (secondo solo a Sergio Oliva), ed è uno dei pochissimi vincitori a pesare sotto i *novanta* chili. È stato anche uno dei pochissimi a *battere* Arnold Schwarzenegger in un concorso di culturismo: nel 1968 in occasione del *Mr. Universo* a Miami.

Steve Reeves – (1926 – 2000)

Steve Reeves nacque a *Glasgow*, nel Montana, il 21 gennaio 1926 e morì a *Escondido*, a causa di un linfoma, il 1 maggio 2000 ed è stato sia un culturista statunitense che un attore di film mitologici girati in *Italia*.

Suo padre Lester, coltivatore, morì in un incidente prima che il figlio compisse due anni. Essendo morto il padre, all'età di 10 anni Steve si trasferì insieme alla madre ad Oakland, dove trovò una prima occupazione nella consegna dei giornali a bordo della sua bicicletta, con la quale si allenò affrontando le ripide salite locali. Sui suoi inizi da culturista sono nate leggende: una dice che da piccolo fosse un abile lottatore, imbattibile.

Caso volle che l'unica volta che venne battuto, Steve si accorse che il suo avversario si allenasse con il sollevamento pesi e, incuriosito, iniziò a praticare il culturismo anche egli. Sospende gli allenamenti per arruolarsi nell'esercito statunitense e partire per le Filippine, ma al suo rientro riprende subito ad allenarsi. Nel 1947, a 21 anni, vinse il titolo di Mr. America.

Questa vittoria fu per lui da trampolino di lancio nel mondo del cinema. Nel 1948 e nel 1950 vinse il prestigioso *Mr Universo*. Il suo primo film (in cui egli interpretava l'eroe mitologico *Ercole*) fu girato nel 1958 dal regista *italiano* Pietro Francisci: "*Le fatiche di Ercole*". Steve Reeves gira il suo ultimo film nel 1968, prima di tornare negli Stati Uniti. È stato uno dei *body builder* più belli ed eleganti di tutti i tempi. Ineguagliato ancora oggi!

Egli fu sempre apertamente contro il doping. Ecco cosa disse in merito al doping: «*Per oltre 30 anni sono rimasto in silenzio ad osservare la transizione del moderno culturismo. È mia opinione, e di tutti quelli che hanno parlato con me, che il culturismo moderno è in agonia, una letale agonia.*

Bene, è una cosa buona! Nella mia vita non avrei mai immaginato di vedere che in uno sport avrebbero chiamato campioni e adulato fisici costruiti con la 'droga'. Che razza di campione di culturismo è mai quello? Da quando è nata una distinzione tra body builder 'natural' e body builder 'chimico'? Quando io ho costruito il mio corpo con i pesi, eravamo nel periodo d'oro del culturismo! E noi costruivamo il nostro fisico senza droghe, con il duro allenamento e l'alimentazione corretta e dando al corpo il giusto tempo per recuperare tra un allenamento e l'altro. Mi disturba che oggi, continuamente, le moderne riviste, parlano della storia di questi culturisti e pubblicano le loro routine, perché le persone sono confuse e a loro viene nascosta la verità. La verità è che questi 'campioni' hanno costruito i loro fisici spendendo migliaia di dollari in steroidi, come ormone della crescita, testosterone, insulina e ogni altra ultima diavoleria. Il pubblico è stato deluso per così tanto tempo che qualcosa cambierà presto, lo spero! Se leggi le nuove riviste, sono piene di foto platinate di culturisti che hanno usato il nuovo ormone. Sono piene di notizie sulle nuove 'droghe' e non di notizie su quello che realmente le persone dovrebbero sapere. Recentemente, qualcuno mi ha mostrato una rivista raffigurante un giovane uomo in Colorado e sono rimasto sconvolto. Sembra incredibile, ma il sollevamento pesi è l'unico sport che ha riviste dedicate al doping! E su queste riviste ci sono addirittura dei Guru che rispondono a domande sul doping! Dopo aver visto foto di questi atleti ti potresti meravigliare. Tu devi diventare più grosso e più definito o non vincerai mai alcuna gara! Io, nella mia vita, non ho mai usato 'droghe' per costruire il mio corpo. Mai! Io non sono nato col fisico che ho costruito. Ho lavorato duramente per ottenerlo! Ancora, l'ho fatto naturalmente. Certamente non ho il fisico degli attuali utilizzatori di sostanze anabolizzanti, ma io avevo la simmetria e la proporzione che mi ha fatto vincere il Mr America e il Mr. Universo e mi ha fatto ottenere una carriera cinematografica. Ancora oggi a 71 anni mi alleno nel mio ranch col power walking. Per me, un culturista è qualcuno che non solo costruisce il suo corpo naturalmente, ma ha anche la funzionalità e la vera muscolatura che può essere usata in qualsiasi momento e che aiuterà chiunque a svolgere al meglio i normali compiti quotidiani. Io ho il mio corpo armonioso 24 ore al giorno e 365 giorni l'anno, non solo durante il periodo delle gare o il periodo di servizi fotografici»

Tra le sue regole rientravano le seguenti 11:
1) Completa contrazione ed estensione del muscolo;
2) Tutti i muscoli devono essere allenati con le 8-12 ripetizioni, ad eccezioni dei polpacci (20-25 rip) e dell'addome (20 rip);
3) Alterna le ripetizioni di mese in mese, ad esempio mese: 1 5-7, mese 2: 11-15e mese 3: 7-11, etc;
4) Come complementari eseguire croci e curl con manubri su panca inclinata;
5) Ogni serie va eseguita a cedimento;
6) Recupera tra ogni set il tempo che il tuo partner di allenamento esegua la sua serie;
7) Solleva lo stesso carico in ogni serie dello stesso esercizio;
8) Recupera 5 minuti tra l'allenamento dei diversi gruppi muscolari;
9) Non allenarti più di tre volte a settimana;
10) Ciascun allenamento non deve eccedere le 2 ore e mezza;
11) Bevi tanta acqua mentre ti alleni.

Reg Park – (1928 – 2007)

Reg Park, nato a Leeds l'8 giugno 1928 e morto, per un melanoma, a Johannesburg il 13 novembre 2007, è stato un culturista e un attore *inglese*. Reg cominciò ad allenarsi con i pesi fin da *ragazzino*. All'età di 21 anni riuscì a vincere il *Mr. Britain* e, successivamente, vinse per ben tre volte anche il *Mr. Universo*: la seconda gara per importanza dopo il *Mr Olympia*. Durante gli anni sessanta, grazie al suo fisico muscoloso, venne scelto per girare molti film mitologici di produzione *italiana*. Ha partecipato ad un'enormità di film mitologici tra cui:

- *La sfida dei giganti*, regia di Maurice Bright (1966)
- *Ursus il terrore dei Kirghisi*, regia di Antonio Margheriti (1964)
- *Maciste nelle miniere di re Salomone*, regia di Piero Regnoli

(1964)

-*Ercole al centro della Terra*, regia Mario Bava (1961).

-*Ercole alla conquista di Atlantide*, regia di Vittorio Cottafavi (1961).

Inoltre, Park ha vinto numerosi premi di cultura fisica:
- 1949 - Mr. Britain
- 1951 - Mr. Universe
- 1958 - Pro Mr. Universe
- 1965 - Pro Mr. Universe

Park è stato il primo uomo ad effettuare una distensione su panca piana con bilanciere con 226 kg, ed è famoso per aver inventato il programma di allenamento noto come 5x5. È stato il culturista che ha ispirato il grande Arnold Schwarzenegger.

Ci furono molti altri culturisti degni di nota, ma è meglio fermarsi qua e iniziare la pratica!

"Movimenti pesanti stimolano le fibre muscolari più profonde in maniera maggiore rispetto ai movimenti più leggeri. L'obiettivo è quello di utilizzare un basso numero di esercizi, impiegare carichi

progressivamente più pesanti e allenare tutto il corpo in una sola seduta. Ho guadagnato la maggior parte del mio peso e della mia massa muscolare con un programma di 10 esercizi che ho effettuato tre volte a settimana. Dopo che ho raggiunto un peso corporeo soddisfacente, ho cominciato ad alternarlo con un sistema più avanzato, che consisteva in una split di sei giorni a settimana. Se hai bisogno di mettere su 20 o più kg, tale programma farà al caso tuo." – Arnold Schwarzenegger

RIEPILOGO DEL CAPITOLO 1:

- SEGRETO n. 1: L'allenamento dei pesisti degli albori ha funzionato nel 1850, funziona nel 2010 e funzionerà anche nel 2100!
- SEGRETO n. 2: Concentrati sugli esercizi base e sul sovraccarico progressivo con tecnica corretta e ripetizioni tra le 8 e le 20.

Capitolo 2:
Come costruire la massa

«Salva il tuo tempo e il tuo denaro e concentrati sui seguenti esercizi:
1) Squat: stile regolare, parallelo o profondo oppure squat frontale;
2) Press sopra la testa: Military press o lento dietro, seduto o in piedi, con bilanciere o con manubri pesanti;
3) Esercizi di tirata: Rematore con bilanciere o con manubri pesanti, con una o due mani, e power clean o high pull;
4) Distensioni su panca: piana o inclinata, con bilanciere o manubri pesanti;
5) Stacchi da terra» - Bradley J. Steiner

Ora che sei dentro il mondo della *Old School*, è arrivato il momento di *"sporcarsi"* le mani, indossare la tuta, spolverare le scarpe da ginnastica e iniziare il riscaldamento per affrontare quelli che io amo chiamare i *"costruttori"*, gli unici e immortali esercizi per la *massa*: i sempiterni. Analizziamo insieme quelli utili per i *principianti* (tenendo da parte quelli per gli intermedi e avanzati).

SEGRETO n. 3: per crescere, allenati con i "costruttori"

A) STACCO DA TERRA (*DEADLIFT*)

"Nell'immaginario di moltissime persone che si allenano con i pesi, lo stacco è dominio esclusivo dei pesisti. Poche persone lo inseriscono nei loro programmi, anche se sono principalmente interessate ad aumentare la massa e la forza. In molte palestre lo stacco è ritenuto pericoloso e non viene fatto fare. Poi, ovviamente, c'è un gruppo che lo evita per un motivo più elementare: è faticoso. A dire il vero, lo stacco è uno dei migliori esercizi fondamentali nell'allenamento con i pesi e trova posto nella tabella di tutti, anche atleti che non sono interessati ad aumentare più di tanto la forza. Quello che rende lo stacco tanto utile è che coinvolge molti gruppi muscolari grandi - e dato che si può usare una quantità consistente di peso, rafforza molto bene tutti i gruppi muscolari.

Anche se avete caricato sul bilanciere una quantità moderata di

peso, gli stacchi chiamano in gioco tutti i muscoli della schiena, delle anche e delle gambe oltre che del cingolo scapolo-omerale. Se avete dubbi che vengano coinvolte le braccia e le spalle, provate ad eseguire gli stacchi quando quelle parti del corpo sono infortunate. Non potete proprio. Come lo squat completo, lo stacco è un esercizio che coinvolge tutto il corpo e che vi porta ad attingere fino in fondo alle vostre riserve, tutto ciò aiuta ad aumentare la forza. Lo stacco è un esercizio fondamentale impiegato da tutti in ogni situazione della vita. Una casalinga sa come sollevare un oggetto pesante da terra.
Questo è il motivo per il quale insegno a tutti i principianti lo stacco: giovinastri, ragazze e culturisti in erba" - Bill Starr

Tra gli esercizi base, lo stacco da terra rappresenta in assoluto il *miglior* costruttore di *massa* e *forza* in quanto coinvolge pressoché *tutti* i distretti muscolare: dalle gambe alla schiena, dalle spalle alle braccia. Lo stacco da terra ha contribuito, insieme allo *squat*, a forgiare fisici di migliaia di atleti della *Old School*.

Come per ogni altro esercizio, inutile ribadirlo, la tecnica *corretta* fa la differenza tra l'avere *benefici* e il non averne e infortunarsi. Cosa fare quindi per eseguire uno stacco tecnicamente *decente* ed evitare di incorrere in qualche infortunio?

1) Usa un bilanciere possibilmente *olimpico* e ponilo ad un'altezza di circa *22,5 cm* rispetto al *pavimento* (22,5 cm è l'altezza regolamentare prevista nelle gare di *powerlifting*): quindi puoi usare dischi olimpionici (i quali hanno un diametro di 45 cm circa) oppure puoi collocare dei rialzi sotto i dischi;

2) Fai in modo che il bilanciere si trovi in *corrispondenza* dei tuoi

piedi e non oltre;

3) Tieni le gambe *larghe* quanto le tue *spalle*;

4) Impugna il bilanciere con una presa *mista* (una mano in pronazione, cioè col palmo rivolto verso di te e l'altra in supinazione, ossia col palmo rivolto in avanti) oppure, meglio ancora, con una presa *prona* (con entrambi i palmi rivolti verso di te), che diventerà a gancio (in pratica devi avvolgere il pollice con le altre dita) quando i pesi saliranno; la presa prona che è anche più fisiologica di quella mista giacché, quest'ultima, con carichi *molto* elevati, può provocare una pressione *disuguale* sulla colonna vertebrale e una torsione della stessa;

5) Contrai *fortemente* i glutei e i femorali e *stringi* il bilanciere più che puoi (in questo modo l'impulso neurale sarà più *potente*);

6) Spingi con i piedi contro il pavimento come se volessi *sfondarlo*, tieni la schiena piatta, evitando in tal modo di ingobbirti e indurisci l'*addome* schiacciandolo contro la colonna (*manovra di Valsava*) in quanto in questo modo fornirai alla colonna stessa una notevole *stabilità*;

7) Fai in modo che il bilanciere sia il più possibile *vicino* al corpo durante tutta l'alzata;

8) Quando il bilanciere supera le ginocchia, chiudi le *scapol*e (in

questo modo attiverai maggiormente il *trapezio*);

9) Lascia andare il bilanciere per *terra* senza frenarlo, se non all'impatto con il terreno (qualora il titolare della palestra che frequenti ti dia noie asserendo che fai troppo rumore e disturbi gli altri clienti. Nel dubbio, cambia palestra).

Questo è quello che devi sapere per allenarti con successo con lo stacco da terra, il resto è perdita di tempo!

B) Stacco da terra alla Steve Reeves (*Reeves' Deadlift*)

L'esercizio che vedete raffigurato sopra è uno dei migliori costruttori per la *presa* mai visti.

Ed è ottimo anche per le spalle e per la parte superiore del corpo.

Eseguilo nel rack per evitare che il bilanciere ti sfugga dalle mani.

L'esercizio è simile al mezzo stacco ma con presa a *"pizzicotto"*. Effettua, quindi, un mezzo stacco da terra con bilanciere con la presa a pizzicotto, impugnando con le dita i dischi del bilanciere. Trattieni brevemente il bilanciere dopo la risalita e riabbassa il carico, fino a poco sotto le ginocchia, in modo lento e controllato. Effettua quante più ripetizioni possibile (dalle 5 alle 12) e cerca di aumentare il carico quando possibile (sempre con la tecnica impeccabile).

C) DISTENSIONE IN PIEDI CON BILANCIERE (MILITARY PRESS)

"Ai vecchi tempi, e non sto parlando degli anni '30 - '50 ma anche degli anni '70, gli infortuni alla cuffia dei rotatori, gli impuntamenti, le infiammazioni, gli strappi e le irritazioni erano rari fra i sollevatori di pesi che seguivano un programma classico con movimenti composti ed esercizi fondamentali. Raramente i sollevatori di pesi olimpici e i powerlifter si lamentavano o cercavano attenzione medica per problemi alla cuffia dei rotatori. Negli ultimi 15 anni circa, l'infortunio alla cuffia dei rotatori è forse diventato l'infortunio legato all'allenamento con i pesi più comune insieme ai problemi alla parte bassa della schiena. Dico

questo in qualità di ex proprietario di una palestra, di consulente di molte squadre atletiche professionistiche e di college e di medico professionista. Noi, come gruppo o sottocultura, siamo passati da quello che era un infortunio quasi inesistente a uno che è estremamente comune. Do gran parte delle colpe all'essenza dell'esercizio della distensione su panca. La rotazione interna dell'omero durante il movimento di distensione su panca e di molti esercizi complementari della distensione su panca come l'apertura su panca inclinata con manubri e i movimenti tipo pec-dek, è la causa più comune e probabile del coinvolgimento della cuffia dei rotatori". - Dott. Ken E. Leistner

Siamo arrivati allo *squat* per la parte superiore del corpo degli atleti della *Old School*. Devi sapere che il *military press* (o lento avanti con una apertura dei piedi più stretta) era uno dei pochi, se non l'*unico*, esercizio che si eseguiva per il petto prima della conoscenza della panca piana, e gli infortuni alla cuffia dei rotatori erano *sconosciuti*. Che cosa ti darà il sollevare un peso sopra la tua testa? Tutto! Ti darà forza vera, massa su tutta la parte superiore, braccia, petto, trapezio, alta schiena, muscoli stabilizzatori e, soprattutto, spalle come palle di cannone!

Una volta un ragazzo chiese a John Grimek com'era possibile che fosse in grado di eseguire la panca con 181 kg pur allenandola *raramente* e lui rispose che ciò avvenne grazie a *tonnellate* di distensioni sopra la testa, affermando che *"quando è possibile allenarsi con 136 kg di military press, 181 kg di panca si eseguono senza problemi"*.

«*Paragonati agli uomini di 30 anni fa e più, siamo deboli nelle distensioni sopra la testa. La ragione di ciò è che è più facile sdraiarsi su una panca e distendere un peso dal petto. Staccare un peso e poi distenderlo sopra la testa è molto più utile, impressionante, produttivo e difficile che sdraiarsi sulla schiena cercando di ottenere grossi pettorali. Molti atleti dei vecchi tempi non hanno mai fatto la panca. Hermann Goerner e John Grimek*

sono due dei grandi che non dedicavano tempo a questo esercizio così popolare (oggigiorno). Includete la distensione sopra la testa nei vostri allenamenti e stabilite come obiettivo di distendere sopra la testa l'equivalente del vostro peso corporeo». - Nick McKinless.

Ma cosa fare per eseguire una buona distensione sopra la testa senza infortunarsi?

1) Stacca il bilanciere dagli appoggi (che dovrebbero essere situati in corrispondenza della parte *medio-alta* dello sterno) appoggiandolo sulle clavicole ed impugnandolo con una presa pari alla larghezza delle tue *spalle* o leggermente più *ampia*;

2) Fai 2- 3 passettini e posizionati in modo da avere le gambe dritte e larghe quanto le tue *spalle* (non di più giacché altrimenti non riuscirai ad essere *compatto*);

3) Contrai in modo *deciso* glutei, femorali, quadricipiti e *core* (la parte centrale del tuo corpo, addome/lombari) in quanto, in questo modo, avrai una solida *base* che contribuirà a fornire maggiore *potenza* all'alzata;

4) Butta il petto in fuori tenendo le scapole *chiuse* e i gomiti in *linea* col bilanciere e vicini al corpo ed *esplodi* la

sbarra verso l'alto con tutta la forza che hai;
5) Quando il bilanciere supera la fronte, *avanza* col busto in modo da trovarti *sotto* di esso a fine alzata e ruota le scapole all'*esterno*, bloccando i gomiti in *alto*;
6) Non dimenticare di tenere il bilanciere vicino al *corpo* durante tutta l'alzata e i polsi dritti e resta duro e contratto come una *roccia*, altrimenti non riuscirai a imprimere la giusta potenza al movimento.
7) Infine ricorda di evitare *inarcamenti* della schiena non fisiologici durante la fase concentrica (di spinta).

Fino al 1972 la distensione sopra la testa rappresentava la *terza* prova del sollevamento pesi assieme a strappo e slancio. Ciò spiega perché sino a quel momento essa venisse considerata nell'immaginario collettivo il principale metro di *valutazione* della forza di un atleta: quando due o più soggetti che si cimentavano nell'allenamento coi pesi volevano confrontarsi tra loro, la domanda che ognuno rivolgeva all'altro non era "*quanto fai di panca?*", ma "*quanto distendi sopra la testa?*".
Di conseguenza, fino al 1972, la distensione sopra la testa veniva inclusa nella quasi *totalità* dei programmi di allenamento non solo

dei pesisti, ma anche dei *bodybuilders* (alcuni dei quali peraltro gareggiavano anche nel sollevamento pesi). Tuttavia nel 1972 la distensione sopra la testa venne *soppressa* come prova di gara, ufficialmente perché gli atleti avevano iniziato ad *inarcarsi* eccessivamente mentre distendevano il peso, il che da un lato avrebbe determinato l'impossibilità per i giudici di gara di valutare se una prova fosse valida o meno, dall'altro avrebbe comportato seri *rischi* a carico della colonna vertebrale. Le ragioni reali però erano ben altre, come sottolinea anche Bill Starr, e di carattere squisitamente politico, ma non è certamente questa la sede per approfondirle.

Vorrei piuttosto soffermarmi su un dato significativo: fino al 1972, gli infortuni alle spalle erano rarissimi, come affermano molti atleti dell'epoca e molti tecnici (tra cui proprio Bill Starr), tant'è che non si sapeva neanche cosa fosse la cuffia dei rotatori, della quale non vi era alcuna menzione nei testi di *chinesiologia* dell'epoca: basti pensare solo che il termine *"impingement"* (conflitto subacromiale) venne coniato proprio nel 1972 da Neer.

Ma perché tutto questo? Quando la distensione sopra la testa fu soppressa come prova di gara, essa venne sostituita, come *standard* di valutazione della *forza*, dalla distensione su panca piana. Questo cambio di rotta venne incoraggiato anche dalla nascita del *powerlifting*, che formalmente avvenne proprio negli anni '70 e dalla sua crescente popolarità. Di conseguenza molti atleti iniziarono ad *abusare* della panca piana a scapito della distensione sopra la testa, alla quale in molte tabelle di allenamento subentrò la distensione da seduto (anche effettuata dietro la nuca). A ciò si aggiunse la progressiva diffusione dei programmi di allenamento *weideriani*, i quali prevedevano innumerevoli esercizi per il cingolo scapolo-omerale e pochissimi invece per la parte alta della schiena.

In poche parole l'abuso della distensione su panca e di altri esercizi per pettorali e deltoidi, unito anche ad esecuzioni non proprio eccelse, a scapito della distensione sopra la testa e di altri movimenti per la parte alta della schiena, generò negli atleti degli squilibri di forza, destinati poi a tradursi in dolori ed infortuni anche gravi.

Ovviamente non voglio demonizzare a tutti i costi la panca piana che, se effettuata correttamente, rappresenta un ottimo esercizio per la parte alta del corpo, ma voglio affermare che da *sola* non è sufficiente a garantire un corretto bilanciamento di forze. Da qui la necessità di inserire la distensione sopra la testa in piedi, che oltre a far lavorare l'*intera* spalla, coinvolge in maniera *massiccia*, grazie all'incastro finale (bilanciere sopra le orecchie), la parte alta della schiena, compresi i muscoli *parascapolari* e persino i *rotatori*.

La distensione sopra la testa in piedi (con tutte le sue varianti) è l'*unico* esercizio che può donare alle spalle quell'aspetto possente che solo i *bodybuilders* e pesisti di un tempo possedevano. Guarda i deltoidi di John Grimek o di Bill March e ti convincerai.

Come sostenitore dell'allenamento OST (*Old School Training*), non posso che consigliare esercizi del passato come il *military press* in piedi. Da solo, questo esercizio, può fare molto per la tua parte alta del corpo. Prova a inserirlo al posto di sollevamenti laterali, frontali, posteriori e altre amenità che si vedono in palestra e i risultati saranno a dir poco *straordinari* per le tue spalle!

Se non ti crescono le spalle con la distensione sopra la testa, fermo restando che la forma di un muscolo non la puoi *cambiare* in quanto dipende dalla *genetica* (ma puoi certamente accrescerla), ciò è imputabile a uno di questi *4* fattori o a tutti *assieme*:
1) Tecnica *scadente;*
2) Frequenza eccessivamente *bassa;*
3) Volume eccessivamente *basso* sull'esercizio;
4) Carichi eccessivamente *bassi* (pensate soltanto che in passato distendere 140-160 kg sopra la testa era normale, mentre oggi i più forti distendono al massimo un quintale, e c'è gente che a momenti usa carichi maggiori nelle aperture laterali che nella distensione in piedi!).

In conclusione, a meno che non vi siano *serie* ragioni per farlo, non tralasciare *mai* questo esercizio poiché i benefici che ne derivano sono *notevoli* sotto tutti i punti di vista.
"Uno dei motivi principali per cui tutti eseguivano le distensioni sopra la testa è che non serviva molta attrezzatura. Potevi usare anche un bilanciere standard nel caso che la palestra non avesse avuto uno olimpico. Allora non esistevano tutte le macchine di

oggi. Molte palestre avevano squat rack, piattaforme e bilancieri olimpici, punto e basta. Se volevi allenare la parte superiore del torace, facevi le distensioni sopra la testa (ed era sufficiente).

La maggioranza degli atleti oggi, o evitano completamente le distensioni sopra la testa o le eseguono con un carico molto leggero. Lo sostituiscono con una moltitudine di esercizi con manubri leggeri, cavi e macchine (per un numero più alto di ripetizioni) sostenendo di riuscire a lavorare meglio i piccoli muscoli della spalla. Io credo però che l'allenamento con i cavi, le macchine e i manubri leggeri sia di gran lunga più facile che tentare una distensione con un bel carico." - Bill Star

C) REMATORE CON BILANCIERE A BUSTO FLESSO (BENT OVER ROW)

"Ad oggi vedo raramente effettuare rematori a busto flesso. Col bilanciere è possibile utilizzare carichi maggiori rispetto a qualsiasi altro attrezzo. La posizione a busto flesso agisce su molteplici muscoli (lombari, addominali, etc.), cosa che permette di sviluppare una forza tremenda nel tronco...fondamentale per gli esercizi come stacchi e squat. Inoltre, tale metodica contribuiva alla stabilizzazione del corpo, ad allungare

maggiormente i dorsali nella fase eccentrica... Perché a piedi nudi? Beh, aiuta a sviluppare un maggiore equilibrio e permette di ancorarsi meglio al pavimento. Nei rematori a busto flesso su panca arrivavo a fare 10 ripetizioni con 142kg." - Arnold Schwarzenegger

Credici o meno, il rematore con bilanciere è ciò che ti farà sembrare come un *uomo* piuttosto che come una scimmia. Credo fermamente che bilanciare l'esercizio delle distensioni su panca piana con serie di rematore con bilanciere o con manubrio salverà il tuo aspetto e ti renderà meno simile a una scimmia nella camminata. Darà spessore alla tua schiena e ti farà notare sia, in costume da bagno, in spiaggia che, vestito, a lavoro.

Come eseguirlo per avere i maggiori benefici?

1) posizionarti su un lieve *rialzo* (di 5-10 cm circa);

2) tenere la schiena parallela al terreno o quasi e guardare in *basso* (se guardi dritto o in alto, puoi farti male al collo);

3) tenere le gambe leggermente *flesse* e larghe quanto le *spalle* o poco più;

4) contrarre *fortemente* glutei e femorali e schiacciare la pancia contro la colonna *vertebrale* (*manovra di Valsava*);

5) impugnare il bilanciere con una presa *media* (poco più ampia delle spalle);

6) cercare di mantenere la schiena *piatta* per quanto possibile;

7) tirare il bilanciere verso la parte bassa dello *sterno* o la bocca dello *stomaco* mantenendo i gomiti vicini ai *fianchi* e facendo in modo che la sbarra rimanga sempre vicina al *corpo* (considera questo esercizio come il movimento contrario alla panca orizzontale);

8) addurre le *scapole* a fine concentrica (in pratica devi *avvicinarle* il più possibile) e rilasciarle in eccentrica (se vuoi, puoi fare un piccolo *fermo* allo sterno per avere una maggiore percezione delle scapole), e riposizionare il bilanciere a *terra* ad ogni ripetizione (in tal modo eviterai di perdere il *setup*);

9) non strattonare e non agitare la *schiena* durante tutto il movimento.

Se si dà uno sguardo alle tabelle di allenamento dei vecchi atleti, ci si potrà rendere conto di come non mancasse quasi mai il *bent over row*, cioè il rematore con bilanciere eseguito stando con la schiena parallela o semi-parallela al terreno. Fai attenzione al nome dell'esercizio: sto parlando di *bent over row*, non di *barbell row*, nonostante si possa impropriamente usare l'uno o l'altro termine per designare entrambi i movimenti.

Ma quali sono le differenze tra bent over row e barbell row? Il bent over row viene eseguito stando con la schiena a 90° o poco meno rispetto al suolo, con un'impugnatura media, tirando il bilanciere verso la parte bassa dello sterno/addominali alti e tenendo i gomiti vicini al busto, fatta salva la possibilità di usare una presa un po' più ampia e di portare il bilanciere al petto, cioè in linea con i capezzoli o anche più su, per avere una diversa enfasi.

I vecchi culturisti erano soliti eseguirlo su un *rialzo*, partendo col bilanciere dal livello dei piedi in modo da ottenere una maggiore *ampiezza* di movimento. Il *barbell row* invece viene effettuato stando con la schiena ad un'inclinazione prossima ai *45°* o anche *minore* rispetto al terreno, con un'impugnatura *stretta*, cioè larga quanto le spalle o poco più *ampia*, tenendo i gomiti più *stretti* possibile, partendo dal ginocchio e portando il bilanciere nella zona sotto l'*ombelico*.

Ne consegue che anche il coinvolgimento muscolare sarà diverso a seconda dell'esercizio: il *bent over row*, eseguito in modo classico, viene considerato un esercizio che per l'*intera* schiena, quindi non solo per il dorsale o per i trapezi, ma per tutti i muscoli che compongono il *back*, fermo restando che, come detto su, l'atleta può decidere di concentrare il lavoro su una certa *zona*, modificando la presa e la traiettoria (ad esempio usando un'impugnatura ampia e portando il bilanciere al petto si otterrà un maggiore coinvolgimento di trapezi e deltoidi posteriori, nonché degli altri muscoli che compongono la parte *alta* della schiena, mentre portando il bilanciere più giù, cioè verso l'ombelico, cosa più agevole se si utilizza una presa *supina*, si avrà una maggiore enfasi sul *gran dorsale*); anche nel *barbell row* è possibile, a seconda della presa (o meglio della posizione dei gomiti rispetto al tronco) e della traiettoria variare l'enfasi, tenendo però presente che il *range* di movimento risulta notevolmente minore rispetto al *bent over row*.

Tornando al rematore con bilanciere a busto flesso, va rilevato come oggi questo esercizio nelle palestre medie venga evitato da molti e sostituito da esercizi alle macchine, come il *pulley* o al massimo dal rematore eseguito stando quasi in piedi, cosa che rende l'esercizio pressoché inutile (se si considera peraltro che in parecchi lo eseguono strattonando o comunque non stando completamente fermi). Molti asseriscono che il *bent over row* sia pericoloso per la bassa schiena, il che può essere certamente vero se si usano carichi eccessivamente alti per il soggetto, costringendolo a perdere le curve naturali della colonna. Va a tal proposito evidenziata l'esistenza di una particolare forma di *bent over row*: il *pendlay row*.

Il *pendlay row* o rematore *pendlay* (dal nome del coach americano *Glenn Pendlay*, che sponsorizzò questa versione) viene effettuato stando sì con la schiena parallela o semi-parallela al terreno, ma tirando il bilanciere in modo esplosivo verso la parte bassa dello sterno e riappoggiandolo a terra ad ogni ripetizione, evitando la fase eccentrica dell'esercizio (un po' come avviene nello stacco da terra), il che presenta indubbiamente 2 vantaggi:
1) Ci si può *risettare* ad ogni ripetizione, come avviene nel *deadlift*, per cui è più facile evitare eventuali *cheating*;
2) Non effettuando la fase negativa e riappoggiando il bilanciere a terra si toglie *tensione* dalla bassa schiena;
C'è poi un'ulteriore versione del *bent over row*, che veniva spesso usata in passato: si tratta del *lying row*, cioè del rematore svolto con tronco appoggiato su una panca orizzontale. Anche questo tipo di rematore *salvaguarda* maggiormente la bassa schiena, la quale viene scaricata grazie all'appoggio sulla panca. L'unico

svantaggio è che risulta difficile usare carichi elevati ed il ROM (ampiezza del movimento, *range of motion*) è leggermente *minore* rispetto alle altre due versioni.

In *conclusione*: il *bent over row* è uno splendido esercizio e, assieme alle distensioni sopra la testa eseguite in piedi con o senza spinta di gambe, è forse l'esercizio che dà più il senso dell'*old school training*!

Il consiglio che posso darti è di non escluderlo dalle tue routine, scegliendo la variante che ti è più *congeniale*: se eseguito correttamente può darti tanto sia a livello di massa muscolare che di forza generale e persino funzionalità.

Per rinforzare il gran dorsale un esercizio complementare old style consigliato era il **Pullover e Push**

Il sollevatore si distende sulla sua *schiena* sulla piattaforma con la sbarra posta sopra la sua testa. Sotto al capo e ai gomiti si posiziona una imbottitura, come un asciugamano o un tappetino. Presa *prona* e ampiezza della presa poco più larga delle spalle. Portare il bilanciere sull'addome e sollevarlo come in figura qui sopra. Portare le braccia distese in alto e contemporaneamente abbassare i fianchi e distendere le gambe sul pavimento. Eseguire la fase negativa del pullover all'indietro della testa. Concludere con il bilanciere vicino al corpo.

C) Squat

«Il full squat è l'esercizio chiave per la programmazione della forza muscolare. A parte le dovute personalizzazioni, fa sì che diventi parte del tuo programma annuale». Bill Starr. Lo *squat* è considerato il *Re* degli esercizi. *Bradley J. Steiner,* riferendosi allo squat, una volta disse: «*L'esercizio singolo migliore e più importante della storia del sollevamento pesi*». Peary Rader,

infatti, disse: «*Lo squat o piegamento profondo delle ginocchia, è diventato l'esercizio più importante ed efficace per lo sviluppo della muscolatura e del peso corporeo*».

Ha costruito più massa muscolare la combinazione di *full squat* a 20 ripetizioni che qualsiasi altro tipo di esercizio muscolare! Vediamo come eseguirlo per poterne prendere tutti i possibili benefici. Innanzitutto, non eseguire mai lo *squat* senza usare un *power rack* con i sostegni di sicurezza. Ti potresti fare male o, per non infortunarti, non caricherai a dovere. Come usare i sostegni di sicurezza? Posizionali circa *5 cm* al di sotto della posizione *bassa*. Non devi toccare i sostegni a ogni ripetizione per non danneggiare la forma di esecuzione o, ancora peggio, per non infortunarti a causa del rimbalzo.

Dove posizionare il bilanciere?
1)   Dipende da persona a persona ma la regola di base è che il bilanciere dovrebbe trovarsi *2 o 5* cm sotto al punto più alto dei *deltoidi*.
2)   Quando sollevi le braccia, trattieni il *bilanciere* e contemporaneamente *contrai* i muscoli della parte alta della

schiena. Non mettere il bilanciere sull'osso, ma sui muscoli del trapezio. Il bilanciere dovrebbe essere posizionato in modo che entri nel *rack* e che tu allunghi le gambe di *2-5* cm per sollevare il bilanciere.

3) Il giusto posizionamento dei piedi richiede che i talloni siano distanziati dell'ampiezza delle *spalle*, o leggermente di più.

4) Quando scendi vai *indietro* con i *glutei* come se volessi sederti su una *sedia* posta dietro di te. Spingi le ginocchia in fuori, in modo che queste puntino nella stessa direzione dei piedi e siano perpendicolari ad essi e tieni sempre il petto in fuori e le scapole *addotte* ("avvicinale").

5) Quale deve essere la profondità massima a cui si può scendere nello *squat*? Alcuni dicono di scendere finché i glutei tocchino i talloni, *"ass to grass"*, altri di scendere solo sotto la linea del parallelo. Tu sin dove dovrai scendere? Sin dove te la senti, tenendo presente che più scendi, più attiverai glutei e bicipiti femorali. Comunque, qualsiasi sia la tua scelta, scendi almeno fino al parallelo!

6) In fase di risalita, spingi il petto e le ginocchia in fuori e fai salire petto e spalle allo stesso tempo. Non sollevare i glutei prima delle spalle e non perdere la naturale lordosi lombare.

«Lo squat è assolutamente e senza eccezioni, l'unico grande esercizio conosciuto dall'uomo, per influenzare l'intero corpo, migliorare la salute e l'energia, rafforzare le funzioni degli organi interni, fornire i guadagni più rapidi nel peso corporeo, migliorare la capacità atletica a tutto tondo. Questo è un compito piuttosto enorme, ma è vero. C'è stato un momento nella storia del bodybuilding americano in cui allo squat veniva data una considerazione molto piccola. Si pensava che le braccia e le spalle fossero più importanti sia per un bodybuilder che per un sollevatore di pesi. Comunque, nel tempo, questo modo di pensare si è modificato, soprattutto da parte di alcuni insegnanti che hanno scoperto lo squat come esercizio di grande valore, e anche dai bodybuilder e dai sollevatori di pesi che lo hanno usato. I sollevatori scoprirono che l'unico modo con cui potevano diventare superiori ad altri sollevatori era di sviluppare una grande potenza nelle gambe e nelle anche». Peary Rader

D) Distensioni su panca piana
«Non sono mai stato un sostenitore della distensione su panca né di grandi pettorali. Ho sempre pensato che lo sviluppo di un petto pesante fosse sgradevole soprattutto in un adulto e che

ostacolasse la piena espansione del torace». John Grimek.

Siamo arrivati a un esercizio *controverso*. Mi dà sempre problemi parlare delle distensioni con bilanciere su panca piana perché c'è chi le osanna e le eleva a esercizio cardine della propria routine e chi, invece, lo bolla come esercizio potenzialmente dannoso. Come sempre, nel mezzo c'è la verità.

Sì, è assolutamente vero che prima dell'esecuzione della conoscenza dell'esercizio delle distensioni su panca piana, gli infortuni alla cuffia dei rotatori non esistevano e che si è sviluppato parallelamente alla comparsa sempre più massiccia del *doping* nelle palestre. È anche vero che gli atleti della *Old School* ignoravano completamente questo esercizio e avevano ugualmente pettorali possenti. Vero è, infine, che dovendo preferire un unico esercizio per il tronco, le distensioni sopra la testa sono migliori e più pesanti (forse proprio perché in piedi e non da sdraiati) e, a voler parafrasare un trainer della *Old School*, distendere un peso da sdraiati è da *mollaccioni*. Pur tuttavia io conosco tanti amici pesisti *power lifter* che fanno delle distensioni su panca piana con bilanciere una parte importante delle loro routine e non hanno nessun problema alla cuffia dei rotatori e, comunque, è innegabile che oggi giorno non si può ignorare un esercizio tanto presente nelle palestre e che permette, con la corretta tecnica di esecuzione, di avere pettorali *imponenti*.

Analizziamo insieme come eseguire la distensione su panca piana con bilanciere ottenendo il *massimo* profitto muscolare col minimo rischio di *infortunio*.
1) Distendi all'*indietro* la parte superiore del corpo mantenendo contratti i muscoli della parte bassa della schiena e del punto vita e continua a contrarre i muscoli della parte alta della *schiena*. In questo modo la parte posteriore delle spalle si appoggerà saldamente sulla *panca*. A questo punto piedi, fianchi, schiena e spalle sono ben salde e pronte a fornire una solida base al sollevamento. La parte bassa della schiena dovrebbe essere *contratta* e i glutei ben *appoggiati* sulla panca. Si deve sempre avere 5 punti di contatto con la panca: testa, scapole, glutei ed i due piedi. Molti mi chiedono se effettuare il ponte dei *powerlifter* (l'arco accentuato) o meno. Io rispondo di non preoccuparsene e di mantenere la *normale* curvatura lordotica della bassa schiena (anche se i PL fanno un arco più *dorsale* che lombare). Ponti *accentuati* necessitano di allenamento particolare e di una buona

mobilità. Ricordati di *addurre* le scapole (come nello *squat*).

2) Una volta in posizione i piedi devono restare ben *piantati* per tutto il sollevamento. Tieni i fianchi *incollati* alla panca. Anche le spalle dovrebbero restare ben appoggiate alla *panca*, invece che spostarsi avanti e indietro come nel caso dei sollevatori di pesi *inesperti*.

3) Le scapole devono essere in *adduzione* e abbassate in direzione dei *piedi*. Devi visualizzare di avere il petto, e in particolare lo sterno, più avanti e in alto possibile e le spalle, al contrario, più basse ed indietro possibile.

4) Individua la posizione in cui gli avambracci si trovano in posizione *verticale* quando il bilanciere è appoggiato sulla parte bassa del *petto*.

Se gli avambracci sono rivolti all'*interno* (verso il petto), la presa è troppo *stretta*.

Se sono rivolti all'*esterno* (allontanandosi dal corpo) allora la presa è troppo *larga*.

Quando esegui la distensione su panca bisogna che i gomiti siano sempre esattamente *sotto* le mani e quando il bilanciere è sul petto gli avambracci devono essere assolutamente *verticali*.

Se gli avambracci sono rivolti internamente, esternamente o

all'indietro, allora quando spingerai il bilanciere perderai *potenza*. Perché? Perché spingerai su un piano molto inclinato invece che semi-dritto verso l'alto e ciò significa che parte della potenza è sottratta e persa.

5) Una presa senza pollice è *pericolosa*. Se il bilanciere scivola via, si andrà a schiantare sul petto, la faccia o la gola!

6) Un elemento fondamentale per la massima distensione su panca è la giusta respirazione. Per respirare bene devi ricordarti due cose.

Primo, quando compi un'alzata massimale mantieni il petto pieno d'aria per tutto il sollevamento e se fai più ripetizioni mantienilo pieno per tre quarti nel corso di tutta la *serie*. Sollevando con il petto allargato creerai la leva muscolare più vantaggiosa per il petto e le spalle. Il tuo ultimo respiro dovrebbe essere fatto appena prima di sollevare il bilanciere dai sostegni. Trattieni l'aria mentre *abbassi* il bilanciere al petto e continua a trattenerla mentre cominci a spingere il bilanciere verso l'alto. Mentre ti avvicini allo *sticking point* o "punto morto", comincia a espirare il più violentemente possibile. Immagina di condurre il peso verso l'alto grazie alla sola potenza del respiro.

Secondo, quando esegui serie con più di una ripetizione, usa lo stesso modello di respirazione ma non espirare altrettanto *violentemente*. Se butti fuori tutta l'aria, andrai fuori *ritmo* perché ansimerai e inspirerai prima di iniziare la ripetizione successiva.

7)   Abbassa *correttamente* il peso. Se abbasserai il peso fino al petto troppo lentamente ti stancherai *troppo*. Invece, se abbasserai il peso troppo velocemente, non sarai in grado di posizionarlo nel modo *giusto* per esercitare il massimo sforzo nella fase ascendente del *sollevamento*.

8)   Un altro aspetto fondamentale dell'abbassamento del peso riguarda la posizione dei gomiti. Molte persone hanno sviluppato l'abitudine di tenere la parte superiore delle braccia (cioè la porzione di braccio che va dalla spalla al gomito) a un angolo quasi *retto* rispetto al tronco quando il bilanciere tocca il petto. Questo significa anche che i gomiti sono in linea con la gola o con la parte superiore del petto. Questa posizione è errata. La giusta forma di esecuzione della distensione su panca richiede una *combinazione* di movimenti verticali e orizzontali!

9)   Il modo giusto per eseguire la distensione su panca è abbassare il bilanciere fino alla parte *inferiore* del petto (capezzoli) e spingerlo in alto (movimento *verticale*) e all'indietro (movimento *orizzontale*), così che alla conclusione del

sollevamento il bilanciere si sia spostato orizzontalmente rispetto alla parte inferiore del petto fino a una posizione in cui si trova sopra alla *faccia*, punto in cui il sollevatore di pesi conclude il sollevamento. Dove posizionare i gomiti? Prova una posizione in cui la parte superiore delle braccia si trovi a 45° rispetto al tronco, cioè l'angolo fra la cassa toracica e la parte superiore del braccio è di *45°*. L'angolo effettivo varia da sollevatore a sollevatore a seconda della lunghezza della parte superiore delle braccia, della dimensione del tronco e di altri fattori collegati, ma in generale un angolo di *45°* va bene.

10) La *pausa* al petto. Massimizza la produttività della distensione su panca cominciando ogni ripetizione dopo una pausa di *un secondo* al petto (*Reg Park* usava pause di *due secondi*). Ciò ti costringerà ad usare la sola potenza muscolare per iniziare ogni ripetizione. Probabilmente dovrai *diminuire* il carico del *10-20%* per essere in grado di fare il numero di ripetizioni prestabilito.

11) Il *sollevamento* del peso. Il sesto e ultimo aspetto di una buona distensione su panca è sollevare il carico dal petto sopra la testa fino alla completa estensione delle braccia. Il punto chiave di questo movimento è *unire* una concreta componente *orizzontale*

all'essenza *verticale* del sollevamento. In altre parole, non solo solleverai il bilanciere fino alla completa estensione delle braccia ma lo spingerai anche all'*indietro*. Quando sollevi (così come quando abbassi) il peso ricordati di non portare mai le spalle *avanti* al petto!

Il sollevamento inizia con il bilanciere all'altezza dei capezzoli e si conclude con il bilanciere sopra il mento. Il movimento orizzontale è *fondamentale*. Qualsiasi riduzione della parte orizzontale del sollevamento causa un'*immediata* riduzione del carico massimo. Inserire un movimento orizzontale nella distensione su panca significa che all'inizio del sollevamento il bilanciere (e le mani) si troveranno sulla parte *inferiore* del petto, ed esattamente sopra il mento o gli occhi quando il sollevamento è concluso.

Mentre solleverai il bilanciere, le mani si muoveranno all'indietro verso gli *occhi*. Se le mani seguono questo percorso, anche i gomiti devono farlo. Inoltre, i gomiti devono muoversi alla *stessa* velocità delle mani, o alla velocità più prossima possibile. Se permetterai alle mani di allontanarsi dai gomiti, cioè in una posizione in cui le mani sono più vicine dei gomiti alla posizione finale del sollevamento, allora troverai quasi impossibile raggiungere il *blocco* dell'articolazione con un carico pesante. Perché? Perché avrai trasformato la distensione su panca in un movimento di isolamento per i tricipiti stile *french press*.

12) *Ricapitolando*: Spingi il bilanciere verso l'alto con la *massima* forza ed esplosività possibile.

La seconda fase del sollevamento inizia quando il bilanciere è di 5 o 7 cm sollevato dal petto. Ora continua a spingere contro il bilanciere il più *duramente* possibile spostando contemporaneamente le mani all'indietro verso la faccia. Per completare il sollevamento, spingi verso l'alto così da raggiungere il blocco dell'articolazione con il bilanciere esattamente sopra il mento o gli occhi. Inizia il movimento con un potente movimento di *spinta* dei dorsali. Quando ti troverai nella posizione bassa, con i gomiti attaccati saldamente ai dorsali, è l'ora di dimostrare ciò che hai imparato circa lo sviluppo della capacità di sollevare di molti centimetri il bilanciere dal petto attraverso la sola potenza dei dorsali.

13) Se fai più ripetizioni, dovrai riportare il bilanciere sopra il *petto* dopo averlo fermato nella posizione di *blocco* dell'articolazione. Ciò ti permetterà di abbassare il bilanciere con

un movimento orizzontale molto inferiore che se lo abbassassi direttamente da una posizione sopra il naso o gli occhi.

Perciò, ogni ripetizione segue un modello prestabilito: discesa del bilanciere, pausa, sollevamento in alto e all'indietro, conclusione sopra il mento o gli occhi, riposizionamento sopra il petto, pausa, abbassamento ecc.

"La panca logora gradualmente le cuffie dei rotatori e causa problemi alla spalla alla maggior parte sollevatori. Questo è successo, a me, a circa 38 anni o giù di lì. I problemi si sono risolti quando ho abbandonato la panca.

La distensione sopra la testa è un miglior costruttore di massa e potenza ed molto più sicura. Molti lettori hanno segnalato che i loro problemi alle spalle a lungo termine sono migliorati enormemente nel momento in cui hanno smesso di eseguire la panca piana e hanno iniziato a concentrarsi sulla distensione in piedi" - Brooks Kubik

Variante: *Floor Press*

Questo è uno dei classici movimenti di massima forza che è stato superato col tempo (*John Vigna* è stato uno degli ultimi a *consigliarlo*). Posizionati a terra (meglio dentro un *rack*, altrimenti sarà difficile sollevarti, se cedi), abbassa il peso fino a quando i tricipiti non hanno colpito il pavimento. Fai una brevissima pausa, quindi spingi il peso verso l'alto in linea retta. Questo movimento può essere fatto in diversi modi. Il primo è eseguirlo con lo stesso carico. Basta riscaldarsi con 3-5 ripetizioni con peso crescente, fino a eseguire una ripetizione massimale.

Il secondo modo sarebbe quello di lavorare fino al 60% del carico migliore mai usato sulla panca per più ripetizioni. Scegli il modo che più si adatta alle tue esigenze.

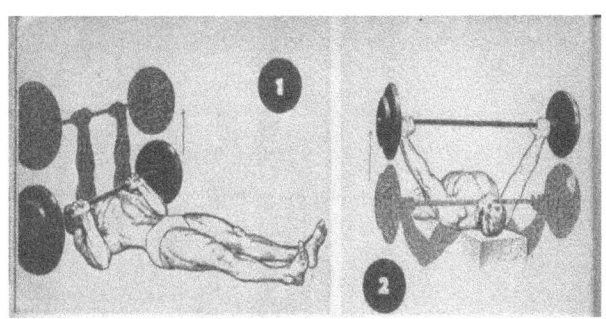

E) STACCO DA TERRA AD UN BRACCIO

"Lo stacco a un braccio è uno dei miei esercizi preferiti. Perché? Ci sono diverse ragioni.

1) Tutti gli atleti dell'era pre-steroidi praticavano l'esercizio, in modo da poter confrontare il proprio rendimento con i record precedenti.

2) È il miglior esercizio per costruire una presa sicura.

3) È uno dei migliori esercizi che potete fare per tutto il corpo. Una volta che si arriva fino ad un carico rispettabile, vi accorgerete che questo esercizio è uno dei movimenti più produttivi che possiate eseguire.

4) Nessuna accademia ha mai usato lo stacco a un braccio come base per uno studio o una ricerca.

5) Si può fare lo stacco a un braccio con nessuna attrezzatura che non sia un bilanciere.

6) L'esercizio è assolutamente brutale; colpisce tutto il corpo e non solo la presa." - Brooks Kubik

Perché farlo?

Primo, perché tutti i vecchi pesisti lo eseguivano.

Secondo, perché è uno dei migliori costruttori di presa in circolazione.

Terzo, perché è uno dei migliori costruttori di tutto il corpo esistenti.

Ci sono due modi per eseguirlo: o ci si mette a cavalcioni del bilanciere o lo si posiziona di lato.

Vediamo il *primo* modo.

1) Mettiti a *cavalcioni* sul bilanciere con i piedi alla larghezza delle spalle o leggermente più aperti.

2) Posizionati come se stessi eseguendo uno stacco normale ma impugnando il bilanciere esattamente al *centro*. Punta la mano che non impugna contro il ginocchio corrispondente.

3) Quando inizi a sollevare, spingi *forte* con i talloni a terra e con la mano sul ginocchio. All'inizio potrebbe sembrare che non accada nulla, poi vedrai che il bilanciere si staccherà dal

pavimento come per magia.

4)   Non perdere il *contatto* della mano sul ginocchio, pena un possibile infortunio alla bassa *schiena*!

Esegui solo e sempre delle *singole* ripetizioni perché un più alto numero di ripetizioni farà decrescere la concentrazione e l'equilibrio con possibilità di infortunio grave con pesi elevati.

F) SWING KETTLEBELL

"Il swing fornisce al corpo un allenamento impegnativo e diffuso, eppure è facile da imparare e forse è il modo migliore per intraprendere l'allenamento con i kettlebell." – Dott. Gregory Steiner

Lo Swing è l'esercizio base dell'allenamento con i kettlebell.

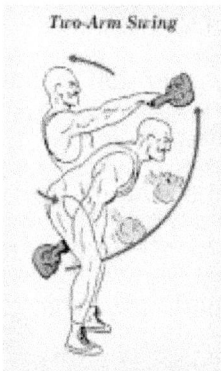

Il *Kettlebell* viene volgarmente definito come una palla di cannone con una maniglia attaccata sopra.

Molto probabilmente esso ha origini molto *antiche*; sembra infatti che versioni simili di questo attrezzo fossero usate già più di *duemila* anni fa. L'utilizzo di questo attrezzo nella sua forma attuale risale però alla fine del *1800*, fu progettato in *Russia*, in epoca *zarista;* questi particolari attrezzi venivano usati sia nella pratica sportiva sia per l'addestramento dei militari. L'attrezzo si diffuse in molte altre nazioni, ma lentamente fu abbandonato e gli furono preferite altre metodiche. In Russia invece la sua popolarità non è mai venuta meno tant'è che, nei primi anni '70, molte repubbliche sovietiche dichiararono la pratica con il *kettlebell* sport nazionale: a metà degli anni '80, nell'allora Unione Sovietica, si svolse il primo campionato di *girevoy* (così è denominato lo sport basato su questo attrezzo). In Unione Sovietica si venerava il proprio *Kettlebell* così come i samurai facevano con la propria spada.

Imparare lo *swing* vuol dire imparare i punti chiave e i principi utilizzati in quasi tutti degli altri esercizi, soprattutto nei movimenti balistici.

TECNICA DI BASE
PARTENZA:
1) Mantenendo la schiena *diritta*, inclinarla in avanti e piegarsi sulle gambe come nell'esecuzione di un salto.
2) Talloni larghezza *spalle*, piedi leggermente aperti verso l'*esterno*.
3) Le braccia sono *distese* e l'attrezzo è posizionato sotto il *sedere*.
4) Le spalle sono aperte *chiudendo* le scapole.

ESECUZIONE:

5) distendendo le gambe spingere in avanti il bacino contraendo i *glutei*.

6) La schiena rimane *diritta* e si porta in posizione verticale.

7) Il peso, accompagnato dalle braccia che ne determinano la direzione, riceve una spinta verso l'*alto*.

8) La spinta all'attrezzo è data *principalmente* da gambe e glutei, mentre i lombari e la muscolatura del dorso verticalizzano la schiena contribuendo ad imprimere *forza*.

H) PASSO DELL'OCA

No, non sto chiedendoti di somigliare a dei pennuti. Sto tramandandoti un *costruttore* di presa. Dove nasce il *passo dell'oca*? Il Passo dell'oca è un modello di passo *marziale* in uso nelle parate *militari*. Si tratta di una forma particolare di passo *cadenzato* e prevede che i soldati elevino la gamba distesa fino a farle raggiungere una posizione più o meno orizzontale. Al momento di posare contemporaneamente lo stivale a terra, i soldati in marcia producono un caratteristico e forte rumore.

L'esercizio è simile a questo giù in figura:

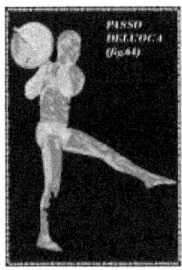

La variante per la presa, però, presuppone che tu impugni un sacco, un oggetto pesante o un manubrio molto pesante e lo trasporti nel modo indicato sopra per quanti più metri puoi, fin quando le mani non si *aprono* lasciando *cadere* il mostro giù per terra!

Leg Raises

Benché questo esercizio sia più per gli intermedi/esperti, te lo presento perché molti principianti, dopo i primi mesi di allenamento, già saranno in grado di *effettuarlo*. Molti allenatori pensano che i muscoli *addominali* sono i muscoli principali coinvolti in questo esercizio, e che sono quelli che sollevano le *gambe*. Naturalmente, questo è un vecchio *mito*, dal momento che i flessori dell'anca sono attivi durante la prima metà del movimento, e i muscoli addominali diventano dominanti nella seconda metà del movimento, quando il bacino diventa più attivo e esegue una inclinazione all'indietro. Quindi, iniziamo subito con la prima lezione per il retto addominale.

Lezione n. 1: muscoli coinvolti nel leg raises
Perché puoi sentire lavorare i muscoli addominali durante l'intero esercizio? Perché il sollevamento delle gambe (nella *prima* parte del movimento) costringe i muscoli addominali a contrarsi staticamente per stabilizzare la colonna vertebrale e i lombari, e perché i flessori dell'anca tirano la colonna vertebrale in avanti *simultaneamente* con l'innalzamento delle *gambe*. Nella prima parte i muscoli addominali sono stabilizzatori, e nella seconda parte diventano attivi dinamicamente, causando l'inclinazione all'indietro del *bacino*.

Lezione n. 2: Anatomia del sit up

Benché io sconsigli il *sit up* (piegamento completo) e consigli il *crunch* (sollevamento fino alle scapole elevate), questo esercizio era molto usato dagli *olds*. Può essere diviso in due parti di movimento. Nella prima parte abbiamo la *flessione* della colonna vertebrale. I muscoli addominali compiono la flessione della colonna vertebrale. Al fine di continuare e salire fino a una posizione di seduti, i flessori dell'anca sono messi in azione e tirano il bacino e la colonna vertebrale in avanti.

Nella seconda parte, il movimento si sposterà dalla spina dorsale alla flessione del *tronco* attraverso l'articolazione dell'*anca*. Nella transizione verso l'arrivo seduti, i flessori dell'anca tirano le vertebre lombari inferiori con grande forza e il carico intervertebrale è molto più alto del solito. Ciò può causare, a lungo andare, a usura e problemi alla *schiena*. I flessori dell'anca sono attaccati al femore e tirano la coscia attraverso l'articolazione dell'anca (flessione dell'anca). Cosa succede, però, nel *sit-up*? In questo movimento i flessori dell'anca tireranno l'altro lato a cui sono collegati, il bacino e la colonna vertebrale.

Lezione n. 3: Come funzionano i muscoli ileopsoas?
I muscoli *ileopsoas* si trovano nella parte *interna* dell'addome e passano dal bacino e dalla parte inferiore della colonna vertebrale lombare verso il femore. Il suo movimento è dominante nella flessione dell'anca (come quando alzi una gamba dritta, o come quando calci una palla), e ruota esternamente la coscia, inoltre, flette e inclina lateralmente il tronco.

Essendo il più potente flessore della coscia ha un ruolo molto importante nella *deambulazione*. Quando si eseguono i *sit up* o i *crunch* inversi si porta ad un irrigidimento dell'ileo psoas e ciò porta ad una contrazione *isometrica* dell'addome, soprattutto la parte coinvolta dall'*ileo-psoas* ed ecco il mito che in alcuni movimenti lavori più la parte bassa del retto addominale.

Il retto addominale è un muscolo *unico* e lavora *integralmente*. Una sua *eccessiva* stimolazione e *ipertono* può causare fastidiose *lombalgie* e, proprio per tal motivo, io consiglio solo l'esercizio del *crunch* per il retto addominale per i principianti.

Vacuum

Questo è l'esercizio di *posa* che più identifica e diversifica gli atleti della *Old School* da quelli attuali col ventre dilatato! Come si esegue? Mettiti in piedi con le mani sui fianchi. Ora *inspira* lentamente quanta più aria possibile mentre visualizzi il tuo *ombelico* toccare la spina dorsale e poi inizia a *espirare* più che puoi lasciando la pancia in dentro nella stessa posizione.

Fai una contrazione *isometrica* di circa 20 secondi. Durante la contrazione isometrica, cerca di respirare normalmente. Al termine riporta la pancia in fuori normalmente. Ripeti l'esercizio per 4-5 serie.

SEGRETO n. 4: Allenati usando gli esercizi multi articolari.

Ci sono altri esercizi buoni per la massa e per la forza? Certo che sì. Padroneggia, però, questi sopra indicati e sarai, sicuramente, premiato col podio dei pesisti più grossi e forti di tutti i tempi. *"I migliori fisici sono stati tutti costruiti con il duro lavoro sugli esercizi base pesanti. Non ci sono eccezioni a questa affermazione. L'ottanta o il novanta per cento degli esercizi eseguiti dalla maggior parte dei tirocinanti non arrivano all'altezza degli standard richiesti per lo sviluppo fisico massimo. Curl in concentrazione, hack squat, alzate laterali, leg extension, kick back, ecc, tutti eseguiti pedissequamente da migliaia di bodybuilders disinformati, sono una perdita di tempo."* - Bradley J. Steiner

E adesso che sai padroneggiare le principali tecniche pesistiche, proseguiamo pure, è l'ora di allenarci e diventare degli *Ercole!* Volta subito pagina, la *programmazione* che stai per scoprire cambierà per *sempre* il tuo modo di *allenarti*.

RIEPILOGO CAPITOLO 2:

- SEGRETO n. 3: Per crescere, allenati con i "costruttori"
- SEGRETO n. 4: Allenati usando gli esercizi multi articolari

Capitolo 3:
La programmazione del giovane Ercole

"La maggior parte dei bodybuilders classici degli anni '60 e dei tempi precedenti allenavano tutto il corpo tre volte la settimana. Non lo facevano perché avevano letto qualche studio stravagante che diceva loro che quello era il sistema migliore. Si allenavano in quel modo perché avevano sperimentato tutti i metodi di allenamento esistenti e quello era il più efficace per loro. Inoltre sapevano che per allenare i gruppi muscolari così frequentemente dovevano evitare l'incapacità muscolare." - C.S. Sloan

Eccoci finalmente alla parte che tanto desideravi. Sì, lo so che avresti voluto passare direttamente a questo capitolo, ma credimi se ti dico che tutto quello che hai imparato fino ad ora è servito proprio per questo momento. Ora la strada da qui alla massa e forza è in discesa: sta a te percorrerla o fermarti e guardare gli altri correre verso la meta. Io ho solamente potuto darti i mezzi per andare più veloce. Sai qual è l'affermazione più comune che

mi fanno quando parlo di *Old School*?
"Sì, ma tu parli atleti dotati geneticamente e parli solo di quelli. Sai quanti atleti meno dotati hanno fallito e non si è mai saputo nulla di loro?"

Io solitamente sorrido e vado oltre, lasciandoli soli ai loro infruttuosi *workout*, ma oggi voglio condividere con te 3 semplici contro affermazioni da mettere *KO* qualsiasi avventore. Vorrei che qualcuno mi dimostrasse che i *multi articolari* (con l'aggiunta di validi *mono articolari* quando si passa dalla fase di novizio a quella di *intermedio/esperto*) non siano la strada migliore per crescere. Davvero! Mai nessuno ci è riuscito fino ad ora perché dovrebbe mettere in discussione la fisiologia e la natura umana e asserire l'impossibile e cioè che le macchine e i mono articolari siano migliori dei pesi liberi e dei multi articolari (sarebbe rinchiuso immediatamente con una camicia di forza bella stretta, garantito)!

1) Sapete quanti atleti della *Old School* erano scricchioli prima di allenarsi con i principi base della *Old School* (*in primis*, spingi forte sugli esercizi base)? Una marea! E come sono passati da

quello che comunemente si definisce stato *hardgainer* ad uno *easygainer*? Con i principi base della *Old School* che stai apprendendo in questo corso!

2) Ora, ascoltami bene, vorrei che tu rispondessi a questa semplice domanda con tutta la sincerità che disponi:
"In quale sport professionistico ci si allena in maniera differente se si pensa di essere portati e dotati geneticamente o non?"

Cioè, che forse il *Barcellona* o il *Real Madrid*, per dire due squadre tra le tante più *blasonate*, quando scelgono i giocatori da allenare credono di allenare i brocchi? E forse quelli meno bravi li allenano in maniera differente? Certo, se anche i medicinali hanno una diversa modalità d'uso per differenti tipi di utilizzatori (bambini, donne, uomini, anziani), anche la pesistica dovrà adattare le sue regole di base ai singoli sollevatori di pesi, ma le regole di base sono e saranno sempre le *stesse*. L'OST ha funzionato nel passato, funziona oggi e funzionerà nel futuro, e così sarà per sempre (per i tuoi avi, per te e per i tuoi pronipoti)! Garantito!

E non so cosa darei per vedere qualcuno che mi dimostrasse il contrario! Bene, ora che abbiamo spazzato via l'immondizia intellettuale che potevi avere ricevuto da qualche strano sollevatore di pesi, torniamo a noi e vediamo nel dettaglio come dovresti allenare tu da neofita (per gli intermedi e gli avanzati le regole sono altre e magari ne parleremo insieme in altri libri). Per prima cosa, voglio che tu rifletta sui risultati che sicuramente avrai dagli allenamenti OST.

Come disse una volta *Arthur Jones*: "*Ricorda: è impossibile valutare, o addirittura capire, qualcosa che non puoi misurare.*" Ciò significa che tu devi avere un diario di allenamento (accanto a quello alimentare) dove inserire e monitorare i tuoi dati e progressi.

Perché? Così potrai decider da te cosa funziona e cosa no! E non intendo solamente serie, ripetizioni e pesi sollevati, questo lo fanno già tutti e non ci sarebbe la novità. Io sono più specialistico e intendo cose come:
- Come ti senti prima del *workout*.
- Come ti senti dopo il *workout*.

Hai eseguito il lento Avanti con la tecnica perfetta? Hai sfruttato l'arco di movimento completo nelle serie di trazioni alla sbarra? Hai mangiato prima dell'allenamento?
- Come senti il tuo *workout?*
- Come ti senti il giorno dopo?
- Hai dolori diversi dal solito?
- Sii onesto con te stesso... se non lo sei già, o starai prendendo in giro solo te stesso.

Ricorda: l'allenamento riguarda il cambiamento...
- Il cambiamento deve essere in una direzione positiva.
- La direzione positiva riguarda il progresso...
- Più chili sollevati, più ripetizioni effettuate, meno tempo di recupero tra le serie.

Come disse *Nicholas Murray Butler:* "*Le persone si dividono in tre gruppi: quelli che fanno sì che le cose accadano, quelli che osservano le cose accadere e quelli che sperano che accadano.*" E tu, che tipo di persona sei? Se sei arrivato fin qui nella lettura, sei sicuramente una persona che sa cosa vuole dalla vita e che usa il proprio tempo per cercare di migliorare. Ma *"cercare di"* non significa impegnarsi al 100% *"per riuscire a"*. Quindi, adesso voglio che tu agisca e, subito dopo aver letto il prosieguo del presente corso, tu corra ad effettuare il tuo primo allenamento! Parlerò solo di novizi, neofiti, principianti, cioè quelli che hanno meno di due anni di allenamento costante. Questo corso tratta di te che sei ancora agli albori del culturismo e vuoi migliorare senza errori né stalli. Per gli intermedi e gli avanzati ci sono altre regole che si aggiungono a queste del presente corso (anche se quelle di base restano le stesse) e ne parlerò in altri testi in modo approfondito. Di solito, un neofita ha bisogno di più giorni allenanti, più serie e un numero di ripetizioni più alto rispetto ad un professionista e, inoltre, deve restare sulla stessa scheda per più *tempo* (un *quattro* mesi all'incirca).

Ciò perché ha bisogno di apprendere la *tecnica* e per farlo bene deve allenarsi più spesso, inoltre l'intensità che riuscirà ad esprimere negli allenamenti sarà gioco forza più *bassa* rispetto ai suoi colleghi intermedi ed esperti per la cattiva connessione mente muscolo e per le alzate poco *"pulite"* tecnicamente che non permetteranno che lo stimolo sia diretto solo al muscolo *"target"*. E ora iniziamo con un'analisi più *approfondita*. Quando si mette piede per la prima volta in palestra bisogna apprendere al meglio la tecnica di *esecuzione* proprio per migliorare la *connessione* mente muscolo.

La principale occupazione del *neofita* dovrà, quindi, essere:

1) Imparare la *tecnica* degli esercizi base quali squat, stacchi, distensione su panca, etc.;

2) Aumentare la *forza* sugli esercizi base;

3) Migliorare la *connessione* mente muscolo effettuando gli esercizi con una cadenza *controllata*.

SEGRETO n. 5: Impara la tecnica degli esercizi base, aumenta la tua fora e migliora la connessione mente-muscolo.

Di quante serie e ripetizioni avrà bisogno il *neofita?* Data la sua scarsa abilità di concentrare lo sforzo *direttamente* sul gruppo muscolare *allenato*, il neofita avrà bisogno di *più* serie per dare inizio al processo di crescita e, per lo stesso motivo, avrà bisogno di un numero di ripetizioni più *alto* e di più *frequenza* allenante. Quanti esercizi? Quante serie? Quante ripetizioni? Scopriamolo insieme... Partiamo dagli *esercizi*.

"I principianti e in genere i ragazzi che hanno meno forza dei loro coetanei farebbero meglio ad incrementare le ripetizioni. La maggioranza farebbe ancora meglio ad eseguire esercizi senza alcuna forma di resistenza finché non possiede una base decente." - Bill Starr

Il neofita dovrà basarsi esclusivamente su esercizi base *multi articolari* e basta. Niente *mono articolari*, niente esercizi ai *cavi*, niente esercizi alle *macchine*. L'unica sua preoccupazione dovrà essere quella di imparare al meglio la *tecnica* degli esercizi *base*. Dovrà apprendere i *fondamentali* della sua disciplina.

Per quanto riguarda le *serie*, il neofita dovrà allenarsi con un numero variabile di serie allenanti tra le 4 e le 6. Un'idea valida è allenarsi col sistema *High, Medium, Low*. Si allenerà in *fullbody* 5/6 volte a settimana all'inizio e poi scenderà a 3/4 (man mano che migliora in concentrazione e intensità allenante). Il primo giorno sarà un allenamento al *massimo* dell'intensità esprimibile, il secondo giorno sarà un allenamento di intensità *media* e il terzo giorno sarà un allenamento molto *fiacco* con una riduzione del carico allenante per curare molto la tecnica di esecuzione degli esercizi *fondamentali* (in caso di più di tre giorni, gli altri giorni saranno a intensità media).

Per quanto riguarda le ripetizioni, queste dovranno essere: medie per la parte a*lta* del corpo e alte per la parte *inferiore*. Per la parte superiore del corpo, quindi, egli dovrà eseguire un numero di ripetizioni intorno alle *10*, mentre, per la parte inferiore del corpo, un numero di ripetizioni intorno alle *15 - 20*. Il recupero tra le serie dovrà essere *completo*, per non affrontare la serie successiva con una stanchezza tale da *"sporcare"* la tecnica di esecuzione degli esercizi.

SEGRETO n. 6: Allenati con gli esercizi base 3-4 volte a settimana con 4/6 serie da 10/20 ripetizioni, usando il principio del sovraccarico progressivo

"I principianti e gli intermedi dovrebbero allenarsi con serie da 10-12 ripetizioni, mentre i sollevatori avanzati che hanno raggiunto una buona massa e forza dovrebbero utilizzare pesi più elevati con serie da 6-8 ripetizioni." - George Eiferman

Cerca di iniziare la scheda con poco carico e aumentalo di settimana in settimana col sovraccarico *progressivo*. Quando arrivi ad uno *stop* di più di due sedute nella progressione costante del carico, *riduci* il carico del *10%* e continua così. Ad un eventuale prossimo *stop*, ripeti la procedura. Un elenco di esercizi da usare nella scheda ideale (non preoccuparti, dopo ti descriverò un programma tipo da poter usare e adattare alle tue esigenze) potrebbe essere simile al seguente:

1. Stacco da terra
2. Squat
3. Squat frontale
4. Squat manubri
5. Affondi
6. Dip
7. Distensione su panca con bilanciere
8. Trazioni alla sbarra
9. Lento Avanti con bilanciere
10. Lento manubri
11. Rematore con manubri
12. Lat Machine

13. Rematore alla macchina
14. Swing
15. Distensione su panca con bilanciere con presa stretta
16. Rematore con bilanciere
17. Calf in piedi
18. Rotatori
19. Esercizi per la presa
20. Cruch
21. Iperestensioni

Quello che devi ricordare è di allenare per prima i muscoli più *grossi* e poi quelli più *piccoli* e, per migliorare il recupero globale, allenare gli antagonisti (petto/dorso) di seguito oppure i muscoli alle estremità come petto/gambe. Cerca di sollevare il peso (parte positiva o concentrica) in modo *fluido*, non velocissimo, ma neanche estremamente lento; *trattieni* il peso per un secondo o due in contrazione *isometrica* (negli esercizi dove è possibile la contrazione) e abbassa il peso (parte negativa o eccentrica) in modo lento e controllato impiegandoci dai due ai quattro secondi, a seconda degli esercizi.

Dato che il mio editore, la *Bruno Editore*, è conosciuta per il risvolto pratico che vuole per la sua collana di corsi digitali formativi, credo che sia giunta l'ora di sospendere subito la teoria e passare alla parte *praticissima*: le schede e la programmazione. Ti presenterò qui 3 schede, ognuna di quattro mesi, per passare dallo stato di principiante allo stato di intermedio e per riuscire ad effettuare le tue prime trazioni alla sbarra, piegamenti sulle braccia e dip alle parallele a copro libero!
Pronto?
Iniziamo subito!
'Ci sveli i suoi segreti e trucchi per superare gli stalli nei carichi di allenamento...
"Nessun trucco, si spinge e si aspetta.
La forza ha una base neuronale, le ripetizioni una base strutturale e metabolica. Non è detto che corrano parallele.
Il primo pensiero era allenarsi e sodo. Pensavamo fermamente che i risultati ci sarebbero stati, avevamo uno stile di vita da atleti.
La dieta era controllata sulla QUALITA',meno sulla quantità..."'
Filippo Massaroni, intervista esclusiva tratta dal libro *The Secret Book Of Old School Training*.

1° Scheda - 4 mesi

Lunedì:

Squat 5x20

Distensioni su panca piana 5x10

Trazioni alla *lat machine* con presa supina 5x10

Crunch 2x30

Martedì:

Lento manubri 5x12

Curl con manubri su panca inclinata 5x12

Leg press 5x20

Crunch 2x30

Giovedì:

Stacco da terra con manubri 3x15

Dip sulle sedie 5x20

Spinte con manubri su panca inclinata 5x12

Swing manubrio 5x20

Venerdì:

Affondi con manubri 5x20

Rematore con manubrio 5x10
Piegamenti sulle braccia 5x15
Calf in piedi 5x20

2° Scheda- 4 mesi:

Lunedì:

Squat 5x15
Distensione su panca piana con manubri 5x12
Trazioni al *lat machine* 5x8
Distensioni su panca inclinata con bilanciere 5x12
Crunch 3x15

Mercoledì:

Squat con manubri 5x15
Shrug 5x10
Spinte su panca piana con presa stretta 5x8
Calf con bilanciere 5x20
Crunch 3x15

Venerdì:

Swing kettlebell 5x20
Curl bilanciere 5x12
Piegamenti sulle braccia con piedi rialzati 5x10
Rematore con manubrio 5x10
Crunch 3x15

3° scheda - 4 mesi
Lunedì:
Squat bilanciere 5x10
Trazioni alla sbarra con presa supina 3x*max* (se non si riesce a sollevarsi, eseguire 3 serie da 8 ripetizioni effettuando solo la parte negativa)
Lento avanti bilanciere 5x8
Curl manubri su panca inclinata 5x10
Spinte su panca declinata con manubri 5x8
Crunch 3x20

Mercoledì:
Distensioni su panca piana con bilanciere 5x8
Rematore con bilanciere con presa prona 5x10
Dip alle parallele 3x*max* (se non si riesce a sollevarsi, eseguire 3

serie da 8 ripetizioni effettuando solo la parte negativa)

Curl con bilanciere 5x8

Swing kettlebell 3x30" (3 serie da 30 secondi di kettlebell con 30 secondi di recupero tra le serie)

Iperestensioni inverse *3x20*

Venerdì:

Stacco da terra con bilanciere 5x8

Trazioni alla *lat machine* con presa prona 5x8

Spinte su panca piana con manubri 5x8

Pullover con un manubrio di traverso su panca piana 5x20

Curl a martello 5x12

Crunch + iperestensioni (superserie effettuando una serie di *crunch* e una di iperestensioni senza recupero. Recuperare dopo le due serie combinate) 4x20

"'Ma se non faccio alzate laterali il mio deltoide laterale si ridurrà!'

In molti allievi regna l'errata convinzione che gli esercizi di isolamento siano necessari perché gli esercizi composti non sarebbero sufficienti a dare loro lo stimolo e a produrre la massima crescita. Nelle distensioni in piedi anche se il tirocinante pensa che i deltoidi laterali non siano reclutati, in realtà lo sono. Molti bodybuilders dell'era pre-steroidi avevano deltoidi imponenti e li avevano sviluppati con distensioni pesanti sopra la testa. Io stesso, ho fatto notevoli guadagni sul deltoide allenandomi per lunghi periodi senza movimenti specifici di isolamento. Allo stesso modo, tutti i movimenti di spinta allenano efficacemente i tricipiti, gli stacchi (soprattutto la varietà Stiff-Legged) allenano i muscoli posteriori della coscia, e i pullups e i rematoti allenano i bicipiti.

Lo sforzo e il tempo che viene profuso negli esercizi di isolamento è sforzo potrebbe essere impiegato in quelli composti. Può essere interessante per voi notare che nella metà degli anni '60 in concomitanza con la diffusione degli steroidi iniziarono a diffondersi anche routine zeppe di esercizi di isolamento. È solo una coincidenza o è vero che le persone non potrebbero guadagnare massa muscolare con questi tipi di routine senza farmaci?" - Casey Butt

L'idea è che tu aumenti man mano la conoscenza del tuo corpo e della tecnica di esecuzione degli esercizi e, nel contempo, tu diventi più forte. Così facendo, sarai in grado di eseguire esercizi a corpo libero difficili per un principiante come le *dip* alle parallele e le trazioni alla sbarra. Allenati per 3-4 mesi con una scheda fatta di molti multi articolari e pochi monoarticolari. Allenati col sovraccarico progressivo, cioè aumenta il carico sul bilanciere ogni volta che puoi nella perfetta tecnica possibile per quel momento. Usa il sovraccarico progressivo: ogni volta che vai in palestra cerca di sollevare qualcosina in più.

È una equazione matematica: più chili sollevati più muscoli guadagnati. Non puoi sollevare costantemente più peso senza ingrossarti, sarebbe un non senso biologico! In questo modo i grandi culturisti di un tempo, quelli che si posizionavano contemporaneamente sui podi più alti sia delle gare di culturismo che di pesistica, hanno ottenuto fisici e forza *straordinari*!

All'inizio ti allenerei non al 100% delle tue capacità. Eseguirai 2-3 serie di riscaldamento e 5 serie allenanti. Dopo il primo mese, innalza l'intensità e porta le serie allenanti a 4. Dopo il secondo mese porta le serie allenanti a 3. Nel penultimo mese porterai le serie allenanti a 2 con 3 serie di riscaldamento progressivamente più pesanti e nell'ultimo mese eseguirai 4 serie di riscaldamento progressivamente più pesanti e una sola serie allenante a cedimento tecnico (quando non potrai più eseguire un'altra ripetizione *correttamente*).

Ricordati di non partire subito al massimo. Non sparare tutte le tue cartucce fin dalla prima seduta, altrimenti rimarrai subito senza munizioni e, poi, perderai la guerra. Dai un tempo variabile dalle 4 alle 6 settimane prima di raggiungere il tuo *apice* e, successivamente, continua ad aumentare il carico di mezzo chilo o un chilo, fino a che non riesci più ad incrementare il peso sul bilanciere o sull'attrezzo che stai usando. A questo punto, quindi, abbassa il carico di una decina di chili e ricomincia.

Pensa a questo: al massimo che puoi impiegarci a settimana sono 6 ore circa per tutte e tre (o quattro) le schede nel complessivo, ciò significa che in una settimana di 168 ore, allenandoti circa 6 ore in tutto, avrai speso solo il 2,8% del tuo prezioso tempo. Conosci qualche altro metodo che ti promette guadagni così rapidi con così poco tempo?

"Il novizio è fermamente convinto che, al fine di ottenere grandi braccia, debba sprecare la maggior parte delle sue energie in esercizi che colpiscano bicipiti e tricipiti direttamente. Spesso il suo intero programma di allenamento con i pesi ruota attorno a questi esercizi. Quelli per la schiena e le gambe, se eseguiti, vengono fatti con pesi leggeri. Il problema è che questo tipo di approccio non funziona. Certo, se i principianti svolgono grande quantità di lavoro, possono infatti migliorare la forma delle loro braccia. Tuttavia è assai difficile che aggiungano una reale dimensione alle stesse. Costoro inoltre, così facendo, finiscono per stressare tendini e legamenti. Il risultato è gomiti e spalle doloranti" - Bill Starr.

Ma veniamo al punto saliente: come strutturare una *full body*? Seleziona gli esercizi più importanti, eliminando tutti quelli specifici. Perché questo?
1) Perché gli esercizi *specifici* allungano la seduta;
2) Perché in soggetti *natural* che non abbiano una struttura di base *decente* non costruiscono muscolo, giacché i muscoli piccoli crescono man mano che il soggetto aumenta di *peso* e, salvo eccezioni (dettate dalla struttura e dalle leve), non saranno mai al

passo di quelli grandi;

3) Perché rappresentano un ulteriore *stress* per le articolazioni, dato che impegnano spalle, gomiti, polsi e ginocchio (esempio *leg extension*) aumentando il rischio di infiammazioni croniche;

4) Perché ogni set utilizzato nell'esercizio piccolo è lavoro sottratto all'esercizio grande (ad esempio sono molto più produttive 7 serie di *panca*, 7 serie di *military press* che 4 serie di panca, 4 serie di *military press* e 3 serie di *french press*);

5) Perché se non saputi dosare, ostacolano i progressi sugli esercizi base;

Una'idea di base da adattare alle tue esigenze è: selezionare 1-2 esercizi di spinta (esempio panca piana e *military press*), 2-3 esercizi di tirata (esempio rematore bilanciere, t-bar, scrollate, anche di potenza volendo), 2-3 esercizi per la parte inferiore del corpo (esempio *back squat, front squat,* e una forma di stacco).

Perché questo?

Perché schiena e gambe sono muscoli che necessitano di più lavoro complessivo rispetto a petto, braccia e spalle.

Eseguire 6-10 serie per gruppo muscolare (non per esercizio) e non arrivare mai al cedimento (se non verso la fine della programmazione).

Perché?

1) Perché il cedimento stressa incredibilmente il SNC, non consentendo né un buon volume allenante, né tantomeno una buona frequenza;

2) Perché nella pratica, confermata da numerosi studi, si è visto che per l'ipertrofia è necessaria una certa quantità di lavoro meccanico/metabolico, da qui l'esigenza di eseguire 6-8 serie per catena muscolare;

-Utilizzare un numero medio-basso di ripetizioni (per gli atleti intermedi e avanzati): si potrebbero alternare fasi a 6-8 ripetizioni con fasi a 3-5 ripetizioni;

-Eseguire la routine 2-4 volte a settimana, a seconda del tempo a disposizione e della capacità di recupero del soggetto;

-In caso di frequenza trisettimanale, a meno di non avere un alto grado di *tolleranza*, è possibile variare i carichi a seconda del giorno;

-Cercare di incrementare i carichi progressivamente (oppure le ripetizioni, o entrambi: progressione *doppia*).

George Hackenschmidt riferendosi agli intermedi ed esperti:
"Alcuni allenatori consigliano l'allenamento di tutti i gruppi

muscolari con pesi leggeri e credono di essere in grado di ottenere un corpo muscoloso con alte ripetizioni.
La mia esperienza mi ha insegnato che questo è sbagliato.
I muscoli, di uomini o animali che siano, si sviluppano con pesi pesanti. Un corridore o un ciclista di lunga distanza ha le gambe piccoline.
C'è una grande differenza tra le prove di resistenza e le prove di forza.
Si deve, poi, considerare che, anche se è possibile ingrossare i muscoli con l'esercizio prolungato, allo stesso tempo lo sviluppo dei tendini e dei nervi possono essere rafforzati dal lavoro muscolare pesante."

RIEPILOGO DEL CAPITOLO 3:

- SEGRETO n. 5: Impara la tecnica degli esercizi base, aumenta la tua fora e migliora la connessione mente-muscolo.
- SEGRETO n. 6: Allenati con gli esercizi base 3-4 volte a settimana con 4/6 serie da 10/20 ripetizioni, usando il principio del sovraccarico progressivo.

Intervista a
GIUSEPPE TROMBETTA

"L'aspetto rude della tecnica che sta dietro l'armonia estetica, lo sforzo fisico, la concentrazione mentale, il sudore da controllare, l'aria da respirare, il cibo da mangiare, il ferro da dominare...
Il corpo va scolpito, come un'opera d'arte tratta dalla pietra.
La tecnica è quella di un'opera architettonica, naturale.
Lo spirito che infonderemo in essa sarà la nostra visione superiore di vita" – Il Maestro Giuseppe Trombetta.

La seguente intervista mi è stata fornita da Giuseppe Trombetta in persona, storico culturista italiano, ed è apparsa sul noto gruppo facebook: Old school training & physical culture .

Riporto l'intervista in originale fatta dal Prof. Fulvio Vino e senza modificare nulla, così come inviatami dal maestro Trombetta.

***

"Primo ottobre. L'autunno, da poco iniziato, fa ingiallire le prime foglie.

È una di quelle giornate che sembrano fatte apposta per i ricordi: a volte basta solo un particolare, uno scorcio, un profumo, le note di una canzone, a richiamare dalla memoria ricordi lontani eppur sempre vivi. Per me, che fui bambino negli anni Cinquanta, il primo ottobre andava ad iniziare un nuovo anno scolastico.

La nostalgia dei tempi andati mi assale d'improvviso e, non so come e per quale associazione d'idee, penso all'amico Trombetta e alla sua palestra laggiù a San Girolamo, vicino al mare.

È un po' che non lo vedo e poiché sono appena le quattro del pomeriggio ed il sole, ancora caldo, invita ad uscire, prendo la coraggiosa decisione di fare un salto da lui col pretesto di portargli un libro di cultura fisica: "La conquista della forza fisica" di Ferdinando Lapalorcia, raro e antico testo, trovato per caso da un rigattiere.

Cinque minuti dopo sono già in macchina a godermi il bel panorama del lungomare di Bari.

Quando arrivo è ancora presto. Fuori un ragazzo attende paziente. Parcheggio come posso, mi apposto di fronte in modo strategico, accendo un sigaro e aspetto.

E così, tra una nuvoletta di fumo e l'altra, mi lascio andare ai ricordi e penso... Penso a Giuseppe e al modo in cui l'ho conosciuto e soprattutto a quello che ha rappresentato per me, in particolare, e per la cultura fisica in generale.

Comincia ad allenarsi sin dalla fine degli anni Cinquanta con una passione ed un accanimento che ha del sorprendente e da allora, a parte qualche breve parentesi, non ha mai smesso.

Molte le gare alle quali ha partecipato, vincendo tre titoli nazionali di categoria e classificandosi nei posti d'onore in tutte le altre.

Ha conseguito vari titoli di merito e specializzazione nel campo del body building ed ha rivestito importanti cariche federative come quelle di segretario e vice presidente della FNCF. Attualmente è presidente nazionale della NBBUI e presidente mondiale della NBBUW. Dal 1982 organizza annualmente il prestigioso "Natural Mr. Italia".

Valido preparatore e scrittore di libri del settore, ha collaborato alla rivista "Vigor" per più di dieci anni. Attualmente collabora alla rivista "Sport & Salute".

È laureato in Lingue e Letterature Straniere.

Appassionato di storia della cultura fisica e in particolar modo di quella degli anni Sessanta, possiede una nutrita collezione di libri e riviste ed è proprio questa passione che ci accomuna.

Oggi lo chiamano body building e le innumerevoli palestre, attrezzate con seducenti macchine fiammanti, sono frequentate indistintamente da persone d'ambo i sessi con indosso tute firmate da grandi stilisti. Tutto ciò non mi appartiene. Quando lo conobbi si chiamava culturismo. Erano gli anni Sessanta e qui in Italia aveva ancora pochi anni.

Fu John Vigna che, nel 1954, col suo libro "Muscoli e Bellezza", per primo, diffuse questa nostra disciplina. In seguito vennero Tullio Ricciardi, Nicola Ghezzi, Umberto Devetak, Franco Fassi e Giovanni Desiati con le loro riviste.

Ricordo ancora la prima da me acquistata nel lontano 1965: il numero di ottobre di "Sport e Salute". La copertina raffigurava un astronauta che stringeva la mano ad un culturista e portava come sottotitolo: "Anche gli astronauti si allenano con i pesi". Impossibile descrivere l'emozione provata nello sfogliarla e l'avidità con la quale la lessi. Entrai, così, in un mondo pieno di fascino e di mistero ancora tutto da scoprire.

Erano tempi in cui possedere un bilanciere ed un paio di manubri con dischi intercambiabili era un lusso per alcuni e un sogno per molti. I nostri attrezzi erano fatti di latta e cemento e la cantina la nostra prima palestra. Eravamo pochi ed isolati. La rivista ci teneva uniti ed informava. Steve Reeves era irraggiungibile, Leroy Colbert troppo. Tutto questo rappresenta per me Giuseppe Trombetta.

D'improvviso mi viene in mente di strappargli un'intervista e mezz'ora dopo mi trovo seduto di fronte a lui, nella segreteria della sua palestra, ad iniziare una lunga chiacchierata, sorseggiando un buon caffè.

– Cominciamo con una domanda da psicanalista: parlami della tua infanzia.

– Sono nato a Carpino, un paesino abbarbicato fra le montagne del Gargano, il 9 gennaio 1946. Le mie giornate le trascorrevo fra la scuola, le nuotate nel vicino lago di Varano e la fattoria paterna, dove, molto presto, imparai ad andare a cavallo. Mio padre era solito portarmi al cinema dopo una lunga giornata di lavoro. Era un modo per rilassarsi e farmi divertire. D'altra parte non c'erano altri svaghi se non i miei voli di fantasia nel voler emulare gli eroi dello schermo. Gordon Scott, nei panni di

Tarzan, era il mio preferito, poi venne Steve Reeves. Da tempo mi andavo scervellando sul modo in cui questi personaggi avessero sviluppato i loro muscoli e la rivelazione venne dalla pubblicità della crema "Ursus" apparsa su un giornale. Ne ordinai subito una confezione. Assieme alla crema si riceveva in omaggio un estensore a molle. La crema si applicava sui muscoli dopo una breve esercitazione con gli estensori e flessioni a terra. I muscoli rispondevano bene e si gonfiavano, ma per lungo tempo mi rimase il dubbio se a svilupparli fosse stata la crema o gli esercizi. Optai per gli esercizi, anche perché non avevo i soldi per riacquistare la crema. Funzionava!

– Quindi, diversamente dalla grande maggioranza dei culturisti degli anni Cinquanta e Sessanta, tu non fosti ispirato, nella pratica della cultura fisica, dal libro "Muscoli e Bellezza" di John Vigna!

– Circa un anno dopo, anch'io ebbi la fortuna d'imbattermi in quel volumetto. Esso fu il mio primo vero manuale di allenamento con i pesi. Aveva un grande potere persuasivo e ricordo che lo lessi in un sol giorno, tant'era coinvolgente.

L'episodio, abbastanza singolare, avvenne a Carpino nell'estate del 1959. Stavo riposando, seduto su un muretto, dopo essermi a lungo affaticato con i pattini a rotelle, quando vidi avvicinarsi un ragazzo che portava in mano un libro. Anch'egli si sedette sul muretto, a poca distanza da me, e cominciò a fissare i miei pattini con un certo interesse. Senza indugiare, mi chiese se potessi prestarglieli. Io acconsentii ed egli mi affidò il suo libro. Incuriosito, gettai lo sguardo sulla copertina. Fu un colpo di fulmine! La foto del grande Steve Reeves mi fece sbarrare gli occhi, lasciandomi letteralmente trasecolato. Sfogliai il libro avidamente, ormai incurante dei pattini.

Mi rendevo conto di avere fra le mani qualcosa di esclusivo, qualcosa che avevo da sempre desiderato possedere. In quel momento capii cos'era la cultura fisica. Quando il ragazzo mi riportò i pattini, intuii che me li restituiva a malincuore e quindi gli proposi uno scambio: i miei pattini contro il suo libro. Egli accettò di buon grado. Così, grazie a quel manuale, potei seguire un vero programma di allenamento, ma, in quanto agli attrezzi, dovetti accontentarmi di una bombola del gas e di una sbarra per trazioni messa di traverso fra gli stipiti di una porta. In seguito quel ragazzo diventò assessore comunale a Carpino e, ogniqualvolta ci si incontrava per strada, non mancava mai di ricordarmi come tutto fosse iniziato a causa di un paio di pattini.

– Come nacque in te il bisogno di emulare gli eroi buoni e muscolosi dello schermo, Tarzan o Ercole che fossero, che ti portò a praticare la ginnastica con i pesi?

– A causa della mia eccessiva magrezza, ero fatto oggetto di scherno da parte dei miei compagni di scuola, nonostante fossi il primo della classe. è ancora vivo in me il ricordo di un episodio che mi lasciò profondamente ferito nell'orgoglio. Era l'inverno del 1959, frequentavo la scuola media e avevo da poco iniziato ad allenarmi, come ho già detto, con estensore ed esercizi a corpo libero. Un giorno i nostri insegnanti ci portarono a vedere uno spettacolo cinematografico a carattere educativo. Com'era consuetudine a quei tempi, prima del film veniva proiettato il cinegiornale. Quel giorno uno dei servizi riguardava la cronaca di una gara di culturismo e, mentre gli atleti sfilavano sullo schermo esibendo i loro muscoli, dal buio della sala si levò una voce, accompagnata da sonore risate, che m'invitava a prender parte ad una di quelle gare. In quel momento compresi che venivo considerato lo zimbello della classe e giurai a me stesso che anch'io, prima o poi, avrei posseduto un fisico del genere.

– Dotato di un fisico straordinario, Steve Reeves ha suscitato, per decenni, l'entusiasmo e le fantasie atletiche di moltissimi giovani. Per te, in particolare, cosa ha rappresentato?

– Non è facile esprimerlo in poche parole. Al tempo in cui Steve Reeves era in auge, ossia tra la fine degli anni Quaranta e l'inizio degli anni Sessanta, erano numerosi i culturisti che possedevano, insieme ad una rara simmetria, uno sviluppo muscolare veramente eccezionale. Basti pensare a campioni del calibro di John Grimek, Clarence Ross, George Eiferman, Jack Delinger, Reg Park, Vince Gironda, Bill Pearl e Larry Scott, solo per citarne alcuni. Ma Steve Reeves aveva qualcosa in più, qualcosa che lo rendeva unico. Tutto in lui era formidabile: la sua figura slanciata e splendidamente conformata, che emanava potenza ed agilità; il suo volto dai lineamenti belli e nobili; il suo incedere simile a quello di un dio e perfino i suoi modi raffinati, che rivelavano signorilità. Lo vidi per la prima volta in una giornata di fine inverno del 1958. Era un pomeriggio freddo e piovoso e mi trovavo, insieme ad alcuni amici, nell'unico cinema del mio paese, dove si proiettava il film "Le fatiche di Ercole". è superfluo dire che rimasi completamente incantato mentre quelle scene, susseguendosi sullo schermo, mostravano la sua immagine. Mai, fino allora, avevo visto una muscolatura così poderosa e, allo stesso tempo, così armoniosa, nemmeno nelle sculture dell'antica Grecia.

L'eroe dei miei sogni, l'eroe con cui potermi identificare aveva finalmente trovato una sua definitiva fisionomia. Più tardi divenne, per me, modello impareggiabile al quale potermi ispirare e, ancora oggi, dopo oltre trent'anni, rivedo i suoi film con lo stesso entusiasmo d'un tempo. Nato nel Montana, il 21 gennaio 1926, Steve Reeves ancora ragazzo si trasferì ad Oakland, in California, dove prese a frequentare la celebre palestra di Ed Yarick. Qui gli furono impartite le fondamentali conoscenze in fatto di allenamento, grazie alle quali, in breve tempo, riuscì a sviluppare le sue personali tecniche, che lo porteranno a vincere i titoli di "Mr. America", "Mr. Mondo" e "Mr. Universo". Volontà, costanza e concentrazione contraddistinsero sempre il suo lavoro in palestra permettendogli, così, di assurgere a questi massimi vertici competitivi.

In seguito, allorché s'impose all'attenzione dei registi, divenne un attore di fama mondiale e il culturismo visse un momento di gran diffusione. Il suo nome resterà, per sempre, scritto a caratteri cubitali nel libro d'oro della cultura fisica.

– Ricordi ancora la prima palestra da te frequentata?

– Finite le scuole medie, m'iscrissi all'Istituto Tecnico per Geometri di San Severo. Lì cominciai a frequentare la palestra di un certo Antonio Di Mauro. Era una palestra prevalentemente di pugilato, munita di un solo set di pesi, tra l'altro rudimentali, parallele, anelli e sbarre varie. Ricordo che fra i pugili c'era un giovane culturista appena ritornato dalla California, dove aveva attinto le tecniche di allenamento allora in voga. Da lui appresi, come da un oracolo, tutti i segreti dei campioni americani. Riuscii, così, a costruirmi un braccio da 38 cm. Poi, sempre in quella città, si aprì un'altra palestra molto più attrezzata, il cui proprietario si chiamava Vincenzo Bulso. In essa proseguii i miei allenamenti, raggiungendo risultati insperati: il braccio arrivò a misurare 42 cm, riuscivo a fare venti trazioni consecutive alla sbarra e distendevo su panca 120 kg. Conseguito il diploma, ritornai a Carpino e misi all'opera il fabbro presso il quale mio padre portava a ferrare i cavalli della fattoria. Mi feci costruire, con delle plance di ferro, bilancieri, manubri, e contrappesi, che adattai in una stanza di casa mia facendola diventare una sorta di laboratorio di Frankenstein. Ricordo mia madre che chiedeva al parroco del paese se quello che facevo era in sintonia con i dettami della religione. Rassicurata dal parroco e dal medico di famiglia, mi dette il nullaosta per continuare ad allenarmi. I rumori, però, erano assordanti e per ammortizzare il carico del lat machine, costituito solo da una sbarra e due carrucole fissate al muro, usavo delle gomme di "Lambretta", ma il tonfo si sentiva lo stesso. Fui costretto a chiedere al sindaco di mettermi a disposizione un locale dove potermi allenare. Per farla breve, altri giovani incuriositi vennero a trovarmi ed io dovetti ammetterli ad allenarsi. Nacque, così, la mia prima palestra; molto entusiasmo aleggiava intorno a me.

– Continua a parlare dei tuoi studi.

– Dopo il conseguimento del diploma di geometra ed un anno di allenamento a Carpino, fui chiamato dalla patria ad assolvere i miei doveri di cittadino. Destinato al 33° reggimento della Folgore con l'incarico di capopezzo, partecipai a numerosi corsi di aggiornamento e di difesa personale. Diventai anche un esperto di armi: moschetti, fucili, mitragliatrici e pistole varie. Insomma, fecero di me un vero Rambo. Ritornato dal servizio militare, mi trasferii a Bari, dove presi a frequentare la facoltà di Lingue e Letterature Straniere. Durante il corso di studi andai in Germania per approfondire la conoscenza della lingua.

A Stoccarda, m'iscrissi ad una delle palestre più famose d'Europa, che annoverava alcuni tra i culturisti più copertinati dalle riviste tedesche del settore: una vera fucina di campioni. Era la palestra di Peter Gottlob, Mr. Germania e campione europeo di power lifting. Vi erano passati anche Arnold Schwarzenegger e Franco Columbu. I tedeschi maneggiavano il ferro come fosse gomma. Ricordo che all'inizio mi chiamavano "l'italiano con gli addominali" e mi guardavano con aria di sufficienza, ma dopo un po' cominciarono a considerarmi uno di loro. Spesso mi allenavo con Jusup Wilkosz, che in seguito avrebbe vinto ben due titoli di

"Mr. Universo" IFBB e si sarebbe classificato al terzo posto al "Mr. Olympia". Era piacevole stare in Germania, ma dovetti far ritorno a Bari per completare gli studi. Qui trovai lavoro presso una lussuosa palestra, la "Bari Athletic Center". Mi allenavo, studiavo e nel contempo insegnavo in un istituto privato. Un anno dopo conobbi Rosanna, la mia futura moglie, con la quale aprii una palestra.

– Quali sono state le tue misure nei periodi di massima forma fisica?

– Le misure non sono importanti. L'atleta deve tendere, invece, con tutte le sue forze, al conseguimento di uno sviluppo armonico del proprio corpo. Questo è ciò che penso oggi. Da ragazzo, invece, tenevo il metro sempre a portata di mano e non perdevo occasione di usarlo dopo ogni seduta di allenamento. In palestra lavoravo in modo massacrante pur di aggiungere anche solo mezzo centimetro alla circonferenza delle mie braccia. Tuttavia, fu proprio da questa erronea concezione della cultura fisica che ottenni, dopo molti anni di pratica, risultati a dir poco soddisfacenti. Con un'altezza di 175 cm, riuscii a raggiungere le seguenti misure: torace 120 cm, bicipiti 44 cm, vita 70 cm, cosce 58 cm, polpacci 38 cm. Le gambe, purtroppo, anche se regolarmente sollecitate, restavano sempre sotto tono. Erano, comunque, misure di tutto rispetto, che, a quei tempi, consentivano affermazioni a livello nazionale.

– A quante gare hai preso parte?

– L'elenco sarebbe lunghissimo. Riporto quelle che ricordo:
1965 Mr. San Severo 1° classificato
1965 Mr. Puglie 3° classificato
1966 Mr. Daunia 2° classificato
1966 Mr. Sud Italia IFBB 4° classificato
1969 Atleta ideale d'Italia 1° di categoria
1970 Coppa Sapri Atleta più definito
1970 Gran Premio Naz. "Il David" 4° classificato
1971 Mr. Stuttgart International 2° classificato
1972 Mr. Sud Italia 2° classificato
1972 Mr. Europa 3° classificato
1973 Atleta d'Italia 1° classificato
1974 Atleta d'Italia 1° classificato

1976 Mr. Italia FICF 2° classificato
1979 Trofeo Hercules 3° classificato
1980 Mr. Italia Natural 1° classificato
1980 Trofeo Vigor 2° classificato
1981 Trofeo Vigor 1° di categoria
1983 Trofeo Vigor 1° di categoria

– *Parlami della tua palestra, dei tuoi allievi, delle tue aspirazioni per il futuro.*

– La mia non è una megapalestra. Tutto è fatto a misura d'uomo: ci sono venticinque macchine, tre rastrelliere di manubri da 2 kg fino a 40 kg, bilancieri, tonnellate di dischi e molte panche. Gli spogliatoi sono spartani, ma puliti. Si respira aria di culturismo, tant'è vero che alle pareti vedi appese le foto di culturisti degli anni Cinquanta e Sessanta, oltre agli attuali, naturalmente. Ho allenato molti ragazzi e ragazze che hanno vinto anche gare nazionali. L'elenco è lungo, fotografie e nomi sono stati pubblicati sulle varie riviste del settore. Le mie aspirazioni per il futuro sono semplici e oneste: stare in buona salute, vivere in modo decoroso, avere armonia in famiglia e con le persone a cui sono legato da rapporti di lavoro e di amicizia. Tutte cose che ho già e che vorrei si mantenessero nel tempo.

– Vedo che ti alleni ancora e pesantemente anche! Ci sono stati dei periodi, più o meno lunghi, durante i quali hai dovuto, tuo malgrado, interrompere gli allenamenti?

– Mi sono sempre tenuto in forma accettabile, cercando di non vanificare i risultati conseguiti in tanti anni di allenamento. La forma fisica e la salute sono un patrimonio inestimabile a cui bisogna rivolgere molta attenzione. Se stai bene fisicamente, stai bene anche psicologicamente. E non è poco! Alcune volte sono stato costretto ad interrompere gli allenamenti a causa del mal di schiena. Quando si è molto giovani e senza esperienza, per la voglia di strafare, si commettono facilmente degli errori che puntualmente si pagano. Ci si illude di essere invulnerabili. Ora capisco tante cose e le metto a frutto allenandomi con più ponderazione e valutando attentamente le mie risorse energetiche e nervose: ciò che cerco di insegnare anche ai miei allievi.

– Come trascorri il tuo tempo libero quando gli impegni te lo

permettono?

– D'estate, al mare. Mi piace stare sotto il sole ad abbronzarmi, fare lunghe nuotate e il pomeriggio allenarmi intensamente in palestra.

– È risaputo che possiedi molti libri. Che genere di letture prediligi?

– Ho speso un patrimonio in libri e riviste. L'ho fatto pur non essendo ricco, ma non me ne pento. Ogni autore è per me un ospite, e a casa mia ce ne sono tanti: da Paracelso a Jung, da Cornelio Agrippa a Kant e poi moltissimi libri di medicina, archeologia, fisica, chimica, astronomia, fantascienza, esoterismo e romanzi in genere. Naturalmente non mancano i fumetti: Tex, Zagor, Martin Mystere e Dylan Dog.

– L'ultimo libro letto?

– "L'isola del giorno prima" di Umberto Eco.

– *Cosa pensi della cultura fisica di oggi?*

– Oggi c'è poca cultura fisica e molta cultura chimica.

– *Credi che si ritornerà al buon senso?*

– Spero proprio di sì, altrimenti in tutti questi anni avremmo lottato invano. Comunque sia, cosa ci guadagniamo ad essere pessimisti?

– *Ritieni più efficace l'allenamento tradizionale con il bilanciere e i manubri, o quello con le macchine?*

– L'allenamento col bilanciere e con i manubri è insostituibile, ma le macchine sono altrettanto valide, se non di più. Accanto a quelle basilari, quali il *lat machine*, il *lat pulley*, il *leg press*, la pressa per i deltoidi, il *leg curling* ed il *leg extension*, vi sono moltissime altre macchine ugualmente efficaci che, sfruttando i principi biomeccanici, costringono i muscoli a lavorare nel migliore dei modi. A questo proposito, sono lodevoli la passione e gli sforzi con cui si prodigano alcuni fabbricanti del settore nel progettare sempre nuove macchine, rendendoci, così, un servizio ottimale. Bisogna essere grati a questi imprenditori poiché, per merito loro, vi è stata una notevole spinta in avanti nel body building.

– In breve, mi esprimi la tua opinione riguardo agli integratori alimentari?

– Anche in questo settore sono stati fatti passi da gigante, ma bisogna stare attenti a scegliere i prodotti giusti durante le varie fasi della preparazione. Le case produttrici di integratori dietetici per culturisti ed atleti in genere conducono, oggi, seri studi scientifici e sono in grado di offrire merce di qualità sempre migliore.

– È possibile ottenere un fisico forte e muscoloso senza far uso di steroidi anabolizzanti?

– Negli anni Settanta gli anabolizzanti non si usavano a sproposito come succede oggi. Forse qualcuno li usava in dosi terapeutiche, sotto stretto controllo medico, ma solo durante gli ultimi due mesi che precedevano una gara, giusto per dare quel tocco in più alla muscolatura e per sopportare meglio la fatica degli allenamenti. Gli integratori sono certamente indispensabili, soprattutto gli aminoacidi ramificati, mentre gli anabolizzanti non lo sono.

– *Nel 1982 fondasti con Ruggero Tampellini la NBBUI. Ti sembra di aver offerto un contributo allo sviluppo di una sana pratica della cultura fisica?*

– Premetto che non ho mai avuto la presunzione di voler cambiare le sorti della nostra disciplina. Mi si deve, semmai, riconoscere il merito d'aver consigliato la sua pratica in modo naturale. Gli atleti che prendono parte alle gare della NBBUI non fanno uso di steroidi. Essi si allenano per migliorare il proprio fisico e per mantenersi in salute. Organizzo una gara annuale, il "Natural Mr. Italia", per quei culturisti che non intendono ricorrere all'uso di anabolizzanti.

– *Passiamo ad altro argomento. Come e quando hai conosciuto Umberto Devetak?*

– Di persona nel 1985. Dalle foto pubblicate su "Sport e Salute" molto prima. Da ragazzo leggevo la sua rivista. Devetak era un mito e quando, nel 1967, fu costretto a troncare le pubblicazioni del periodico, fu per me una sorta di lutto nazionale. Avevo addirittura deciso di smettere di allenarmi.

– *Descrivi Devetak come uomo e come atleta.*

– Quattro parole potrebbero bastare a descriverlo come uomo: lama diritta, acciaio sincero. Scavato nell'acciaio e temprato da tante vicissitudini, sa andare diritto allo scopo. Inoltre è leale e di comprovata generosità. Come atleta, posso dirti che è stato uno dei migliori, se non il migliore. Ricordo che, con un'altezza di 177 cm ed un peso corporeo di 88 kg, le sue braccia misuravano 46 cm. E si parla di trentacinque anni fa. Pur avendo un'ossatura robusta, la sua linea era elegante e la muscolatura armoniosa, con addominali ben disegnati. Il suo fisico avrebbe retto anche se confrontato con campioni italiani di oggi, appartenenti a qualsiasi federazione. Era anche molto forte: distendeva su panca quasi 200 kg e, se aggiungi che aveva ottenuto questi risultati solo con allenamenti pesanti ed una dieta estremamente semplice e naturale, hai un quadro completo.

– *Hai avuto modo di conoscere altri culturisti degli anni Sessanta?*

– Sì, tantissimi: Ricciardi, Salata, Torrisi, Fassi, Lodi, Milocco, Pisanti, Tampellini, Iasillo, Massaroni, Vellucci, Mascelli, De Santis, Bertagna, Pellegrino, Soprani, D'Ambrosio, Romano, Luisini, Mantelli, Testa, Diodati e molti altri.

– *Tra la fine degli anni Cinquanta e l'inizio del decennio successivo si assiste, in Italia, alla nascita di un nuovo genere di film: quello storico-mitologico, detto anche "peplum", i cui interpreti erano culturisti. Cosa puoi dirmi in merito e quali furono i motivi che ne decretarono il successo?*

Accende una sigaretta e si appoggia allo schienale della sedia con aria pensosa. Dopo un po' riprende.

– Fu Pietro Francisci ad iniziare la fortunata serie con "Le fatiche di Ercole" e a far conoscere in tutto il mondo Steve Reeves, il

Mister Universo più famoso di tutti i tempi. Ma è necessario fare un passo indietro. A Hollywood, nel 1954, il regista Richard Thorpe girò "Athena e le sette sorelle". Questo film, una deliziosa commedia musicale ambientata nel mondo culturistico, ebbe, fra gli altri interpreti, un certo Steve Reeves che, pur non essendo il principale protagonista, si fece notare per il fisico superbo e il volto bellissimo. Il film ottenne un discreto successo, prima in America e dopo in Italia dove il caso volle che attirasse l'attenzione del regista italiano, il quale era alla ricerca di un "Ercole" protagonista del progetto che si apprestava a realizzare. Francisci rimasto incantato dalla prestanza fisica del giovane attore, lo chiamò in Italia e, nel 1957, iniziò le riprese del film "Le fatiche di Ercole".

Presentato al pubblico l'anno successivo, il film ottenne un successo strepitoso, soprattutto per merito di Steve Reeves. Assai verosimile come personaggio, sembrava davvero un dio greco disceso dall'Olimpo. Era visto dalle donne come un sex-simbol e dagli uomini come un fratello forte e robusto, del quale non si poteva essere gelosi perché considerato inarrivabile. Infatti, in Italia e in Europa in generale, quel fisico tipicamente americano era ancora pressoché sconosciuto. Questi alcuni dei motivi che decretarono il successo de "Le fatiche di Ercole", capostipite di quel filone cinematografico che avrebbe dato vita ai vari Ercole, Maciste, Ursus, Sansone e Golia. E' opportuno precisare che il genere storico-mitologico non fu una invenzione di Francisci, poiché era già presente sul mercato cinematografico: basti pensare a film come "Cabiria" di Giovanni Pastrone del 1914, con Bartolomeo Pagano; "Messalina" di Carmine Gallone del 1951, con Georges Marchal; "Spartaco" di Riccardo Freda del 1953, con Massimo Girotti e "Ulisse" di Mario Camerini del 1954, con Kirk Douglas, solo per citarne alcuni. A Francisci si deve riconoscere il merito di aver introdotto l'attore-culturista come protagonista. Muscoli così grossi rendevano più credibili le gesta dell'eroe, per cui lottare contro il leone di Nemea o il toro di Creta, oppure abbattere colonne era impresa possibile per lo spettatore di quel tempo che, coinvolto quasi fisicamente, partecipava col fiato sospeso.

– Dopo il grande successo iniziale, l'interesse per il peplum andò rapidamente scemando a tal punto che, già nella seconda metà degli anni Sessanta, non veniva più prodotto. Sai individuare le

cause che ne determinarono il declino?

– Chiamati anche "sandaloni", erano film di serie "B", realizzati con scarsi mezzi e destinati ad un pubblico ristretto e poco esigente. Non era certamente un genere impegnato, con elevata valenza culturale. Ad una prima produzione, che io definirei discreta, fece seguito una lunga serie di film, via via sempre più scadenti, con trame spesso banali ed insulse. Un cinema decisamente ingenuo che degenerò in smargiassata mitologica. Poi arrivò Sergio Leone con i suoi "spaghetti western" e fece il resto.

– Quali sono i film che ricordi e che rivedresti ancora con piacere?

– Tutti. È impossibile non ricordarli. Non dimentichiamo che a quei tempi essi venivano ampiamente pubblicizzati dalla rivista "Ercole" (che in seguito, nel 1964, sarebbe diventata "Sport e Salute"), di cui Umberto Devetak fu prima direttore e successivamente editore. Vasto spazio la rivista riservava a questo genere di film, dei quali riassumeva la trama, impreziosendola con un gran numero di fotografie. Un elenco, sia pur sommario, sarebbe troppo lungo. Mi limiterò a citare i più importanti: "Le fatiche di Ercole", "Ercole e la regina di Lidia", "Il terrore dei barbari", "Gli ultimi giorni di Pompei", "La battaglia di Maratona", "La guerra di Troia", "La leggenda di Enea", "Romolo e Remo", "Il figlio di Spartacus", interpretati da Steve Reeves; "Maciste nella valle dei re", "Maciste l'uomo più forte del mondo", "Maciste il gladiatore più forte del mondo", "Maciste l'eroe più grande del mondo", "Maciste contro i mongoli", "Il Leone di Tebe", "La vendetta di Ercole", "Ercole contro i figli del sole", interpretati da Mark Forest; "Maciste alla corte del Gran Khan", "Maciste contro il vampiro", "Il colosso di Roma", "Ercole contro Moloch", "Goliath e la schiava ribelle", "Il gladiatore di Roma", interpretati da Gordon Scott; "Maciste nella terra dei ciclopi", "Il gigante di Metropolis", "Vulcano figlio di Giove", "L'ira di Achille", "La vendetta di Spartacus", "L'assedio di Corinto", "Giulio Cesare contro i pirati", interpretati da Gordon Mitchell; "Ercole alla conquista di Atlantide", "Ercole al centro della Terra", "Ursus il terrore dei Kirghisi", interpretati da Reg Park. Altri interpreti, non meno noti, furono: Brad Harris, Samson Burke, Dan Vadis, Ed Fury, Reg Lewis, Mickey Hargitay, Rock

Stevens, ecc. Fra gli attori italiani meritano di essere ricordati: Sergio Ciani (Alan Steel), Renato Rossini (Red Ross), Nadir Moretti (Nadir Baltimore), Pietro Torrisi, Giuliano Gemma e soprattutto Adriano Bellini (Kirk Morris), definito lo Steve Reeves italiano.

Si concede un minuto di silenzio. Quando continua la sua voce tradisce una lieve emozione.

Forse non erano film per intellettuali, ma una cosa è certa: a noi culturisti degli anni Sessanta piacevano da impazzire. Ci deliziavano ed erano, per tutti noi, fonte di grande ispirazione. Al cinema si andava di domenica, ma anche dopo la palestra e in compagnia, naturalmente. Reg Park non si poteva perdere, Steve Reeves bisognava vederlo ad ogni costo. E poi, all'uscita, giù a discutere animatamente, fermi all'angolo della strada.

– Di tutto questo cosa ci rimane?

– Il ricordo, resta solo il ricordo e qualche fotografia ingiallita in fondo ad un cassetto. Eppure, quando chiudo gli occhi, per un istante il passato risorge ad offuscare il presente e rivedo il mio paese, la mia casa e la stanza dove mi allenavo da ragazzo, con le pareti tappezzate dalle foto dei miei idoli di allora. C'erano tutti, proprio tutti. Non mancava nessuno. Rivedo i volti di un tempo, i volti dei vecchi compagni di allenamento e ripenso ai nostri discorsi, ai nostri progetti, alle speranze, alle illusioni. Come in una favola, la mia favola. Tutto ciò non potrà essere intaccato dal tempo. Bene... adesso devo andare! I miei ragazzi mi attendono.

Si alza. Mi alzo. Mi tende la mano. La stringo. Mi volto e attraverso la stanza. E mentre mi allontano lungo il corridoio, ascolto la sua voce: « Quando entrate in palestra dovete avere dentro di voi una carica positiva. Liberate la mente dai vostri pensieri e allentate ogni tensione. Siate consapevoli di essere nel vostro corpo e non altrove. Concentratevi al massimo. In questo modo otterrete quello che desiderate e sarete quello che volete ».

Dopo qualche attimo sono fuori. Continuo ugualmente ad ascoltare, ma non odo più nulla. L'aria fresca mi porta l'odore del mare."

Prof. Fulvio Vino

Conclusione

"Solo tu puoi determinare quali diete e quali alimenti sono meglio per te e quando una dieta ha smesso di dare i suoi effetti. Ricorda, le tue esigenze individuali sono diverse da quelle della persona che ti è vicina e tu devi scoprire il tuo metabolismo." - Vince Gironda

Hai acquistato questo *corso* e lo hai letto fino in fondo applicandone i consigli e i programmi in esso contenuti. Le persone si entusiasmano quando acquistano un nuovo libro, ma poi lo lasciano prendere la polvere nella *libreria*. Ci sono molte persone che acquistano libri con consigli e suggerimenti di allenamento che non seguiranno *mai*. Altre persone non termineranno mai la lettura *completa* del libro. Altri, semplicemente, sono troppo *pigre* e pensano che il solo leggere basterà a cambiare il proprio corpo in *meglio*

Tu non sei stato così. Tu sei una persona di *successo*. Tu hai la stoffa per *migliorare* il tuo fisico. Adesso, in questo esatto momento. Basta solo agire e persistere fino al successo. Se è così facile migliorare, allora perché non lo fanno tutti? La risposta la trovi nella stessa natura umana: la maggior parte delle persone è *autolesionista*, pigra a tal punto che anche se sa che un'abitudine *positiva* può cambiare la loro *vita*, sono troppo pigre per agire. E tu, qui, hai un *vantaggio*: tu puoi agire mentre loro stanno *attendendo*. Esponenzialmente il tuo successo rispetto al loro è in una strada in *discesa*.

Non è importante il tuo punto di inizio, se hai una buona *genetica* o meno, né se sei bello o brutto. I pesi non tradiscono *mai*. Sono lì accanto a te e chiedono solo rispetto e *impegno*. Ricorda che più *dura* è la battaglia e più *dolce* sarà la *vittoria* perché quando raggiungerai il tuo *obiettivo*, sarà più importante la strada che avrai *fatto* per essere arrivato lì, l'uomo che sarai diventato, il carattere che avrai *forgiato* e le caratteristiche che porterai sempre con *te*, piuttosto che l'obiettivo in *sé*. Rendimi partecipe dei tuoi *progressi* e successi lasciando una *testimonianza* sulla pagina di vendita del *libro*.

Ti auguro di goderti il *viaggio* verso il successo e la vita che trascorre durante il *viaggio*. Ricorda sempre di circondarti di compagni di viaggio alla tua *altezza* e fai del tuo corpo una *meravigliosa* opera d'arte!
Oreste.

"Trovo ironico che la scienza di oggi non supporti quello che è considerato moderno dai più, bensì ciò che molti considerano superato, ed era esattamente ciò che Reg Park, Clancy Ross, John Grimek, Steve Reeves, George Eiferman, Jack Delinger, ecc, avevano fatto e suggerito prima dell'introduzione degli steroidi nel bodybuilding. Park e Ross sono stati anche particolarmente attenti nel dissuadere i praticanti naturali dall'utilizzare tabelle frazionate, se non prima di un concorso, affermando che queste non fossero ottimali per la costruzione di massa muscolare. Voglio però precisare che ci sono momenti in cui le split routines potrebbero rappresentare un'opzione valida, in particolare nel pre-gara, in caso di carenze muscolari evidenti. Ci sono anche soggetti che, pur essendo naturali, rispondono meglio alle tabelle frazionate, anche in bassa stagione. Costoro sono in genere persone che hanno livelli elevati di testosterone endogeno,

strutture robuste e sono in grado di utilizzare in allenamento carichi talmente elevati da giustificare pause più lunghe tra le sedute relative a uno stesso gruppo muscolare. Si tratta spesso di praticanti con grande esperienza e che sono vicini alle loro potenzialità genetiche, i quali possono quindi beneficiare di una tabella frazionata, che permetta loro di concentrarsi maggiormente sui singoli distretti muscolari - anche se ciò potrebbe essere fatto anche con una routine full-body avanzata."
- Casey Butt

Glossario

Acidi grassi: ingredienti costitutivi dei lipidi (grassi) formati da una catena di atomi di carbonio.

Acido lattico: composto chimico e sottoprodotto del lavoro anaerobico lattacido.

Actina: proteina che, insieme alla miosina, contribuisce alla contrazione muscolare.

Adipe: strato di tessuto grasso (adiposo) al di sotto del derma.

Adrenalina: ormone secreto dal surrene che permette un miglioramento della reattività dell'organismo, accelerando la frequenza cardiaca ed esaltando la prestazione fisica. Prepara l'organismo alla reazione lotta o fuga.

Aminoacidi: molecole che formano le proteine.

Antiossidanti: sostanze chimiche che aiutano l'organismo a difendersi dall'attacco dei radicali liberi.

Apparato degli organi tendinei del Golgi: recettore localizzato a livello della giunzione tra i tendini e le fibre muscolari. Esso rileva il grado di tensione sviluppato nella zona muscolo tendinea innescando un riflesso che porta al rilassamento muscolare evitando lesioni muscolo tendinee.

Arms: braccia.

Articolazione: le articolazioni sono strutture anatomiche che mettono in contatto tra loro due o più ossa.

Assoni: conduttori di impulsi nervosi.

Barbell: bilanciere.

Bench press: distensioni su panca piana.

Bent-over row: rematore.

Buffer: Allenamento non a cedimento, lasciando delle ripetizioni extra nel proprio serbatoio; fermarsi prima del cedimento muscolare o tecnico, 1-2 o più ripetizioni.

Cedimento: Non riuscire più ad effettuare neanche una ripetizione con corretta tecnica (cedimento tecnico) o anche col *cheating* (vedi) e altre tecniche che "sporcano" l'alzata (cedimento muscolare).

Capo muscolare: attaccatura del muscolo all'osso.

Carboidrati: fonte principale di energia dell'organismo.

Catecolamine: ormoni rilasciati dalle ghiandole surrenali (organi di regolazione della risposta allo stress) in situazioni di stress o cali di glicemia.

Cervelletto: parte del sistema nervoso centrale coinvolta nell'apprendimento, nel controllo motorio, nel linguaggio e nell'attenzione.

Cheating: Barare, usare leve diverse da quelle proprie dell'esercizio. Sollevare il carico con l'aiuto di altre leve e/o muscoli.

Chest: petto.

Chin-up: Trazioni alla sbarra con presa supina.

Cilindrasse: prolungamento delle cellule nervose che aiuta il trasporto degli impulsi alla periferia.

Close grip bench press: distensioni su panca piana con presa stretta.

Corpi chetonici: particelle ultime degli acidi grassi.

Cortisolo: ormone steroideo prodotto dalle ghiandole surrenali in situazioni di stress. Permette un aumento della glicemia, riduce le difese immunitarie e le reazioni infiammatorie.

Coste: ossa del torace.

Deadlift: stacco da terra.

Dendriti: trasportatori del segnale nervoso verso il soma, il corpo cellulare del neurone.

Dumbell: manubrio.

Frequenza cardiaca massima: massima frequenza di battiti cui può essere sottoposto il cuore.

Glicogeno: composto di più molecole di glucosio.

Glucagone: ormone di natura proteica con funzioni opposte a quelle dell'insulina, aumenta la concentrazione di zucchero nel sangue.

Glucosio: principale fonte di nutrimento dell'organismo.

Grip: presa.

Indice glicemico: velocità di aumento degli zuccheri nel sangue dopo un pasto a base di carboidrati.

Inserzione: osso che si sposta per permettere la contrazione muscolare.

Inserzione muscolare: attaccatura del muscolo al punto mobile delle ossa.

Insulina: ormone proteico con proprietà anaboliche, secreto dalle cellule beta delle isole di Langerhans all'interno del pancreas. Aiuta l'eliminazione degli zuccheri in eccesso dal sangue.

Ipotalamo: parte del sistema nervoso centrale e centro di comando a cui sottostanno tutta una serie di ghiandole secernenti ormoni.

Kettlebell: particolare attrezzo simile ad una palla di cannone con una maniglia in alto per impugnarlo.

Legs: gambe

Leptina: ormone proteico prodotto dalle cellule adipose bianche che riduce il senso di fame e aumenta la spesa energetica.

Lying row: rematore svolto con tronco appoggiato su una panca orizzontale.

Midollo spinale: porzione del sistema nervoso centrale che hasede nel canale vertebrale e che emette lateralmente i nervi spinali.

Military press: lento avanto con bilanciere con distanza delle gambe più stretta.

Miosina: proteina che, insieme alla actina, contribuisce alla contrazione muscolare.

Monosaccaridi: zuccheri semplici formati da carbonio, idrogeno e ossigeno.

Muscolo agonista: muscolo scheletrico che contraendosi causa il movimento.

Muscolo antagonista: muscolo che compie un azione opposta al muscolo agonista (esempio flessione/estensione, abduzione/adduzione e extrarotazione/intrarotazione). Il muscolo antagonista permette di controllare l'azione dell'agonista "frenando" il movimento.

Nanoparticelle: piccolissime particelle molecolari deleterie per la salute umana.

Neck: collo

Neurone: unità cellulare che costituisce il tessuto nervoso.

Neurotrasmettitore: sostanza che veicola le informazioni attraverso le cellule componenti il sistema nervoso, i neuroni.

Nodi di Ranvier: interruzioni regolari nella guaina della fibra nervosa per permettere una trasmissione dell'impulso nervoso più veloce.

Origine: osso fisso, opposto a quello di inserzione.

Origine muscolare: attaccatura del muscolo al punto fisso delle ossa.

O.S.T.: acronimo per Old School Training

Panniculopatia edemato fibro sclerotica: termine medico per indicare la cellulite.

Pendlay row o rematore pendlay: dal nome del coach americano, Glenn Pendlay, che sponsorizzò questa versione, viene effettuato stando con la schiena parallela o semi-parallela al terreno, ma tirando il bilanciere in modo esplosivo verso la parte bassa dello sterno e riappoggiandolo a terra ad ogni ripetizione, evitando la fase eccentrica dell'esercizio.

Pin-Pull: mezzo stacco.

Presa prona: presa della sbarra in modo che i dorsi delle mani siano rivolti verso il volto.

Presa supina: presa della sbarra in modo che i palmi delle mani siano rivolti verso il volto.

Proteine: costituenti fondamentali delle cellule animali e vegetali.

Pull-up: trazioni alla sbarra con presa prona.

Pulley: cavi.

Push-press: Lento avanti bilanciere con spinta delle gambe.

Radicali liberi: molecole chimiche instabili contenenti elettroni spaiati che cercano stabilità prendendo elettroni dalle cellule organiche.

Range: ampiezza.

Rest-pause: tale metodo prevede l'esecuzione della serie caricando il bilanciere o macchinario con un carico che permetta l'esecuzione approssimativamente di 10 ripetizioni, ma ci si ferma ogni 2 ripetizioni per circa 10/20 secondi e si continua la serie alternando lavoro muscolare a riposo muscolare. Un altro metodo è il *rest-pause* a 20 ripetizioni, si carica il bilanciere con un carico che permetta 5/6 ripetizioni e dopo due o tre ripetizioni si respira profondamente e si continua così fino alle 20 ripetizioni.

Ripetizioni: numero di volte di esecuzione di un esercizio.

R.O.M.: *Range Of Motion*, ampiezza del movimento.

Sarcomero: unità contrattile del tessuto muscolare.

Serie: insieme di ripetizioni.

Shrug: scrollate

Sinapsi: struttura altamente specializzata che consente la comunicazione delle cellule del tessuto nervoso tra loro (neuroni) o con altre cellule.

Sistema Nervoso Centrale (SNC): parte del sistema nervoso formata dal cervello e dal midollo spinale.

Sistema Nervoso Periferico (SNP): insieme di nervi e gangli nervosi (raggruppamenti di cellule nervose) situati all'esterno dell'encefalo e del midollo spinale.

Spazio sinaptico: spazio fisico presente tra due terminazioni sinaptiche in cui sono immagazzinati i neurotrasmettitori.

Spine dendritiche: piccole protrusioni ricoprenti i dendriti.

Straight-leg Deadlift: stacco da terra a gambe tese.

Stretching: esercizi volti a un progressivo allungamento e stiramento muscolare.

Superserie: effettuare due serie di esercizi diversi (per lo stesso gruppo muscolare, di solito) senza recupero.

Tendine: formazione di natura connettivale fibrosa che permette ai muscoli di fissare le proprie estremità a un osso o al derma.

Vertebre: ossa della colonna vertebrale.

www.ingramcontent.com/pod-product-compliance
Lightning Source LLC
Chambersburg PA
CBHW050906160426
43194CB00011B/2302